中外文**稀有版本**文献

《路德维希·费尔巴哈和德国古典哲学的终结》

费尔巴哈与德国古典哲学的终结

【德】弗里德里希·恩格斯 ◎ 著
谢唯真 ◎ 校订

《路德维希·费尔巴哈和德国古典哲学的终结》的出版与传播

(代序)

马克思主义的产生和发展一直离不开翻译，它同形形色色的错误思潮进行斗争的过程同样离不开翻译。马克思主义奠基人（尤其是恩格斯）极为重视翻译工作，认为这是一项意义重大的革命工作，"马克思的理论正是在目前对社会主义运动产生着巨大的影响"[①]，然而，只有准确翻译出版马克思的著作，才能帮助剔除掉社会主义运动中错误思潮对工人的影响，比如恩格斯打算出版《资本论》的法译本，目的就是希望"使法国人摆脱蒲鲁东用对小资产阶级的理想化把他们引入的谬误观点"[②]。恩格斯同样重视马克思主义著作的翻译，"最近十年国际社会主义文献的巨大增长，特别是马克思和我以前的著作的译本的数量"的增长，认为这些"文献的增加……是国际工人运动本身相应发展的一个象征"[③]。因此，梳理《路德维希·费尔巴哈和德国古典哲学的终结》（简称《费尔巴哈论》）的翻译出版对于了解和掌握社会主义运动的发展和马克思主义的传播情况具有重要意义。

---

① 《马克思恩格斯文集》第5卷，北京：人民出版社2009年版，第34页。
② 《马克思致路德维希·毕希纳（1867年5月1日）》，《马克思恩格斯全集》第31卷，北京：人民出版社1972年版，第546页。
③ 《资本论》第3卷，《马克思恩格斯文集》第7卷，北京：人民出版社2009年版，第3页。

一 《费尔巴哈论》的最初出版和译介

《路德维希·费尔巴哈和德国古典哲学的终结》及其序言是恩格斯晚年时期最重要的著作之一。恩格斯在1886年初接受《新时代》杂志社约稿，以德文写了一篇关于施达克《路德维希·费尔巴哈》的书评。这篇长篇的书评发表在1886年《新时代》杂志第4期和第5期。时隔两年之后，为了便于阅读和传播，恩格斯又于1888年在斯图加特出版单行本，并且给这个单行本写了序言。

这个小册子甫一出版就受到了同情和信仰马克思主义的人（尤其是那些理论家兼革命家）的关注。《费尔巴哈论》出版后不久，法国人就开始关注这个小册子。1894年，巴黎的杂志《新纪元》第4期和第5期上刊登了劳拉·拉法格翻译并经恩格斯审阅过的译文。恩格斯对这个小册子的整个翻译过程都给予了关注。在翻译过程中，恩格斯就给左尔格写信说："劳拉·拉法格正在把我的《费尔巴哈》译成法文，而且即将在巴黎出版。"① 此外，恩格斯还把这件事情告诉了考茨基，并对这个译本给予了高度评价："劳拉·拉法格正在把我的《费尔巴哈》译成法文供《新纪元》发表和以后出单行本，狄茨知道这件事定很高兴。前一半我已看过。她的译文忠实而流畅。"②

除了上述译本，《费尔巴哈论》陆续出版了不同语言的译本，它们分别是：（1）1890年，这个小册子的波兰文版翻译出版；（2）1892年，这本书出版了保加利亚文译本；（3）同一年，葡萄牙译本问世。③

---

① 恩格斯：《致弗里德里希·阿道夫·左尔格（1893年12月30日）》，《马克思恩格斯全集》第39卷，北京：人民出版社1974年版，第184页。值得注意的是，我们一般将《路德维希·费尔巴哈和德国古典哲学的终结》简称为《费尔巴哈论》，而恩格斯似乎将之简称为《费尔巴哈》。实际上，我们在后文中还会看到，不同的人对这部著作的简称不尽相同，因此我们在阅读与之相关的文献时要注意这一点。

② 恩格斯：《致卡尔·考茨基（1894年1月9日）》，《马克思恩格斯全集》第39卷，北京：人民出版社1974年版，第190页。

③ 参见《马克思恩格斯文集》第4卷，北京：人民出版社2009年版，第603页，注释168。

然而尽管恩格斯在写《费尔巴哈论》时居住在伦敦，但这本非常重要的小册子的英译本出现得比较晚。根据资料显示，《费尔巴哈论》最早是在1917年翻译成英文的，题目是《费尔巴哈：社会主义哲学的根源》。完整的英译本最早出现在1941年，译者是刘易斯，他还写了评论性导言。截至目前，这个小册子共有四个完整的英文译本，它们分别是1936年杜德编辑出版的收录了马克思和恩格斯关于辩证唯物主义的其他材料的伦敦和纽约版、1941年的纽约版、1946年拉斯克编的莫斯科和伦敦版，以及1950年的莫斯科版（这个版本包括马克思的《关于费尔巴哈的提纲》）。①

尽管处在遥远的东方，日本在马克思主义著作的译介方面并不逊于某些西方国家。《费尔巴哈论》的最早日文本于1927年就已经出现，这在某种程度上不但推动了日本马克思主义的发展，而且还有助于中国马克思主义思想的引介和传播。②

二 《费尔巴哈论》在俄国的传播

作为世界上第一个社会主义国家，单独研究《费尔巴哈论》在俄国的译介出版具有特别的意义。根据已有的文献资料，我们能够判断这

---

① Feuerbach, *The Roots of the Socialist Philosophy*, Translated with a critical introduction by Austin Lewis, Chicago: Charles H.Kerr & Co., 1916.几个完整的译本分别是：(1) *Ludwig Feuerbach and the Outcome of Classical German Philosophy*, With an appendix of other material of Marx and Engels relating to dialectical materialism, Edited by C.P. Dutt, London: Lawrence & Wishart, 1936; New York: International Publishers Co., 1970.(2) *Ludwig Feuerbach and the Outcome of Classical German Philosophy*, New York: International Publishers, 1941.(3) *Ludwig Feuerbach and the Outcome of Classical German Philosophy*, Edited by I.B.Lasker; Moscow: Foreign Languages Publishing House, 1946; London: Lawrence & Wishart, 1947.(4) *Ludwig Feuerbach and the End of Classical German Philosophy*, Moscow: Foreign Languages Publishing House, 1950; Moscow: Progress Publishers, 1969. 这些版本的信息参见尤班克斯编：《马克思恩格斯著作目录和马克思主义参考书目》，北京：书目文献出版社1987年版，第44—45页。

② 关于日文本最早出现年份的判断，本文转引自韩立新：《"日本马克思主义"：一个新的学术范畴》，见〔日〕望月清司：《马克思历史理论的研究》，韩立新译，北京：北京师范大学出版社2009年版，"总序"第3页。关于日本马克思主义对中国马克思主义的影响参见下文第四章第三节的相关内容和注释。

个本子最早受到关注并试图传入的国家之一就是俄罗斯。1889年,《费尔巴哈论》的俄译文就在圣彼得堡的《北方通报》杂志(第3期和第4期)上发表了,不过题目改成了"德国古典唯心主义哲学的危机",遗憾的是,在发表的过程中,杂志没有标明作者,仅仅是在文章下面注上了译者格·弗·李沃维奇的署名"格·李·"。关于这个版本与马克思主义之间的关系我们无从考证,但之后几乎所有的译本都与马克思主义组织和马克思主义的传播有关。

(一) 劳动解放社与《费尔巴哈论》翻译出版

我们知道,普列汉诺夫的译本是比较早的,而且也是比较权威的译本。1892年《劳动解放社》在日内瓦用单行本出版了由格·瓦·普列汉诺夫翻译的全译文。与众不同的是,普列汉诺夫在把弗·恩格斯德文版的《路德维希·费尔巴哈和德国古典哲学的终结》译成俄文后,在出版时附加上了序言和注释,这个序言就是《译者的话》,注释则包括两部分,即:"普列汉诺夫为恩格斯《费尔巴哈与德国古典哲学的终结》一书俄译本第一版所写的注释"和"原校订本第一版的注释"。[①] 他所附加的序言和注释对于我们准确把握马克思主义有着非常重要的作用。但普列汉诺夫的《费尔巴哈论》俄译本之所以能够产生巨大影响,是因为俄国的马克思主义者是在有组织地翻译马克思和恩格斯的著作,而这个组织就是劳动解放社。

劳动解放社,俄国的第一个马克思主义组织,于1883年9月25日在日内瓦成立,于1903年解散。这个组织成立伊始就发表了普列汉诺夫起草的被视为劳动解放社成立宣言的文章《关于出版〈现代社会主义丛书〉问题》,其中明确指出俄国"革命的知识分子首先要确立现代社会主义世界观",但当时的社会主义出版物"很难满足"这一要求,

---

[①] 《普列汉诺夫为恩格斯〈费尔巴哈与德国古典哲学的终结〉一书俄译本第一版所写的序言(〈译者的话〉)和注释》,载《普列汉诺夫哲学著作选集》第1卷,北京:生活·读书·新知三联书店1961年版,第502—563页。

因此它开始着手出版《现代社会主义丛书》①，开始"系统地传播马克思和恩格斯的著作"。②

普列汉诺夫认为，《现代社会主义丛书》是一种新的尝试，并提出了自己的主要任务："（1）通过把马克思和恩格斯学派最重要的著作（注意到不同修养程度的读者需要一些原著）译成俄文的方式，传播科学社会主义思想。（2）从科学社会主义观点和俄国劳动人民的利益出发，批判在我们革命者中间占统治地位的学说，并深入研究俄国社会生活中的最重要的问题。"③ 劳动解放社在组织翻译马克思和恩格斯著作的过程中得到了恩格斯的大力支持和高度评价。恩格斯不但推荐可以优先翻译的著作，替译者解答问题，而且答应对某些著作的翻译给予一切帮助。恩格斯对劳动解放社以及它翻译的自己和马克思的著作最初的俄译本给予了很高评价，认为劳动解放社是"他能够把自己和马克思的著作委托出版的唯一的侨外俄国革命团体"④。

在《现代社会主义丛书》中，劳动解放社选译的重要著作包括《费尔巴哈论》。⑤ 列·阿·列文认为，《现代社会主义丛书》中选译著作的质量比较高，而且这些译本对俄国的社会主义革命运动具有重要意义。此外，这套丛书还有一个优点——"附有译者的序言和注释"，但他又认为，"在很多序言和注释中存在严重的错误"。他专门指出，普

---

① 〔俄〕普列汉诺夫：《关于劳动解放社的三篇史料·关于出版〈现代社会主义丛书〉问题》，载《世界历史》1983年第5期，第91页。
② 周邦：《"劳动解放社"的历史地位和作用》，载《国际共运史研究资料》1983年第2期，第30页。
③ 《格·瓦·普列汉诺夫遗著》第8卷第1册，1940年莫斯科版，第29页。另参见《关于出版〈现代社会主义丛书〉问题》以及列文的《马克思恩格斯著作的发表和出版》，周维译，北京：生活·读书·新知三联书店1976年版，第135页。
④ 《格·瓦·普列汉诺夫遗著》第8卷第1册，1940年莫斯科版，第29页。另参见《关于出版〈现代社会主义丛书〉问题》以及列文的《马克思恩格斯著作的发表和出版》，周维译，北京：生活·读书·新知三联书店1976年版，第136页。
⑤ 另外还有4本书，即恩格斯的《社会主义从空想到科学的发展》（1884年、1892年、1902年）、马克思的《关于自由贸易的演说》（1885年）、马克思的《哲学的贫困》（1886年）和恩格斯的《论俄国的社会问题》（1894年）。马克思和恩格斯的这5本著作分别是由普列汉诺夫和查苏利奇翻译完成的，前者翻译的是《关于自由贸易的演说》和《费尔巴哈论》，其余由查苏利奇翻译完成。

列汉诺夫给《费尔巴哈论》写的序言就有观点和立场上的错误，比如他认为普列汉诺夫提到的"象形文字论"就具有"康德主义的符号论"色彩，它是对"马克思主义的认识论"的修正。①

应该说，正是由于劳动解放社，马克思和恩格斯的著作才通过普列汉诺夫等人得到了通俗解释，推动了俄国马克思主义的产生和发展。列宁对此评价道："俄国的马克思主义是在十九世纪八十年代初期的一个侨民团体（劳动解放社）的著作中产生的。"② 这个团体则成了俄国"科学社会主义的奠基者、代表者和最忠实的捍卫者"③，它的理论活动为俄国的社会民主主义运动的发展和工人阶级政党的建立扫清了道路，因而在列宁看来它"在理论上为社会民主主义奠定了基础"，"走了迎接工人运动的第一步"。④

（二）第一次俄国革命时期《费尔巴哈论》的译介和传播

在劳动解放社解散之后，俄国紧接着进入了第一次革命时期（1905—1907 年）。列文认为，这一时期是"在俄国出版和传播马克思和恩格斯著作方面的新的标志"，由于革命形势的发展，政府逐渐放开管制，开始允许在俄国刊印马克思主义的著作。⑤ 在这一时期，马克思主义著作的翻译出版出现了一些新特征，除了像布尔什维克这样的马克思主义者出版马克思和恩格斯的著作，孟什维克也开始关注这一领域。一般来说，在此期间，马克思恩格斯的著作出版在俄国经历了三个阶段："（1）国外阶段，（2）受到审查阶段，（3）不受审查阶段。"⑥

---

① 参见〔苏〕列文：《马克思恩格斯著作的发表和出版》，周维译，北京：生活·读书·新知三联书店 1976 年版，第 133—134 页。
② 《列宁全集》第 15 卷，北京：人民出版社 1959 年版，第 367 页。
③ 周邦：《"劳动解放社"的历史地位和作用》，载《国际共运史研究资料》1983 年第 2 期，第 36 页。
④ 《列宁全集》第 20 卷，北京：人民出版社 1958 年版，第 275 页。
⑤ 〔苏〕列文：《马克思恩格斯著作的发表和出版》，周维译，北京：生活·读书·新知三联书店 1976 年版，第 135、154 页。
⑥ 〔苏〕列文：《马克思恩格斯著作的发表和出版》，周维译，北京：生活·读书·新知三联书店 1976 年版，第 160 页。

在第一个阶段（即国外阶段）的 1905 年 7 月，孟什维克编辑出版了一套《科学社会主义丛书》，其中包括恩格斯的《费尔巴哈论》。根据列文的看法，这一版本仍是普列汉诺夫翻译，并新加了长篇序言，扩充了注释，因此是一个相对完整的版本。但是由于普列汉诺夫与孟什维克主义发展的密切关联，所以他的序言和注释中包含着严重的错误，比如，他"把马克思和恩格斯的唯物主义解释成为独特的斯宾诺莎主义"，并对革命中无产阶级的领导权和领袖（即列宁）进行了攻击。然而，随着革命的失败，马克思和恩格斯的个别著作开始被取缔，其中包括恩格斯的《费尔巴哈论》。因而，被保留下来的主要是 1905 年以前的版本。①

（三）苏维埃建立后《费尔巴哈论》的翻译出版

随着十月革命的胜利和苏维埃制度的建立，在苏联党和国家领导人的关心下②，马克思和恩格斯著作的研究、译介和出版传播进入了一个新阶段，苏联不但建立了世界上第一个马克思恩格斯列宁学院，而且对其著作的出版更具规模。当时，国家给马克思恩格斯列宁学院及其杰出的领导人、著名马克思主义文献学家梁赞诺夫规定的任务是"收集、保存、研究和科学地发表马克思、恩格斯……的遗著"③。

为此，马恩学院建立了一个科学图书馆，并于 1923—1926 年间开始拍摄保存在德国社会民主党档案中保存的马克思恩格斯手稿和书信的原件。在广泛收集资料的基础上，马恩（列）研究院在 1928 年开始出版《马克思恩格斯全集》（俄文版第一版）以及《马克思恩格斯文库》

---

① 〔苏〕列文:《马克思恩格斯著作的发表和出版》，周维译，北京：生活·读书·新知三联书店 1976 年版，第 167、161 页。

② 比如，列宁早在 1921 年就询问梁赞诺夫关于马克思恩格斯的书信和著作的收集情况："你们图书馆里有没有从**各种报纸**和某些杂志上**搜集来的**马克思和恩格斯的**全部书信**？……有没有**全部书信的目录**？" 2 月 2 日，列宁再次给梁赞诺夫写信："……（5）我们有没有希望在莫斯科收集到马克思和恩格斯发表过的**全部**材料？（6）**在这里已经收集到的**材料有没有目录？（7）马克思和恩格斯的书信（或复印件）由我们来收集，此议是否可行？"参见《列宁全集》第 50 卷，北京：人民出版社 1988 年版，第 107 页。

③ 〔苏〕列文:《马克思恩格斯著作的发表和出版》，周维译，北京：生活·读书·新知三联书店 1976 年版，第 172 页。

（并不是 MEGA¹），后者主要收录的是马克思恩格斯之前没有发表过的原始文献。① 在苏联，马克思恩格斯著作的出版随着社会形势的变化不断变化，但苏维埃俄国始终重视马克思恩格斯等著作的出版。1933年，苏联又出版了两卷本的《马克思恩格斯文选》，其主要收录的是"主要的（篇幅不大的）著作"，《费尔巴哈论》被收录于第一卷。

1948年，国家政治书籍出版社出版了《费尔巴哈论》，其中收录了马克思的《关于费尔巴哈的提纲》。列文认为，这是一个最准确的版本，因为普列汉诺夫之前的译本已经根据德文原文进行了校订和修改。②

《费尔巴哈论》在《马克思恩格斯全集》俄文版的第一版和第二版中均被收录。在俄文版第一版中，它被收录于第14卷第633—678页，在第二版中被收录于第21卷第267—317、370—371页。

三 《费尔巴哈论》在国内的译介和传播

在19世纪末20世纪初，中国面临亡国灭种的大危机，如何走出这种危机，实现民族复兴，几乎成了近现代志士仁人的共同目标。经过数十年的探索，他们认识到只有开启民智、启蒙民众，才能实现救国之目标。毫无疑问，翻译介绍西方思潮是实现启蒙和救亡双重目的的重要途径。梁启超先生在《论译书》中写道："苟其处今日之天下，则必以译书为强国第一义，昭昭然也！"③ 实际上，在中国翻译史上占据重要地位、对中国翻译确定了标准的严复早就认识到了这一点，他指出："然终谓民智不开，则守旧维新两无一可。即使朝廷今日不行一事，抑所为皆非，但令在野之人后生英俊洞识中西实情者日多一日则炎黄种类未必

---

① 〔苏〕列文：《马克思恩格斯著作的发表和出版》，周维译，北京：生活·读书·新知三联书店1976年版，第174—175页。
② 〔苏〕列文：《马克思恩格斯著作的发表和出版》，周维译，北京：生活·读书·新知三联书店1976年版，第201页。
③ 梁启超：《论译书》，见《翻译研究论文集（1894—1948年）》，北京：外语教学与研究出版社1999年版，第10页。

遂至沦胥；即不幸暂被羁縻，亦将有复苏之一日也。所以屏弃万缘，惟以译书自课。"① 在整个西学东渐的思想大潮和救亡图存的过程中，由于马克思主义的科学性以及在实践上取得的胜利，马克思主义经典著作的翻译同样受到了重视。而在马克思主义所有的经典著作中，恩格斯的《费尔巴哈论》成了最受关注且译本最多的著作之一。

（一）新中国成立前《费尔巴哈论》的中文版本

尽管在新中国成立前还没有国家作为后盾来支持马克思和恩格斯著作的翻译，但他们的著作仍然有不少人感兴趣，而且在某种程度上还不自觉地形成了一种"百花齐放"的局面。恩格斯的《费尔巴哈论》就有多个译本。兹根据出版时间列举如下：

最早的应该是彭嘉生先生的译本，上海南强书局于1929年初出版，书名为《费尔巴哈论》。② 这是一个非常完整的译本，附有恩格斯序言，而且译者在翻译过程中给四章分别加上了小标题："从黑格尔到费尔巴哈""观念论与唯物论""费尔巴哈的宗教哲学及伦理学"和"辩证法的唯物论"。此外，这个译本还有两点值得注意。一是它在附录中增加了五篇文献：（1）马克思的《费尔巴哈论纲》③，（2）恩格斯的《费尔巴哈论》补遗④，（3）恩格斯的《史的唯物论》⑤，（4）马克思的《法兰西唯物史论》⑥，（5）恩格斯的《马克思的唯物论及辩证法》⑦。二是它在正文前附上了董克尔撰写的《编者序言》（写于1927年2月），在

---

① 严复：《严复集》第三册，北京：中华书局1986年版，第525页。
② 有的研究文献认为，《费尔巴哈论》最早的中译本是林超真的译本（该译本的详细情况见下文），但根据笔者的考察，这里似乎存在一些误解。真正的译本应该是彭嘉生的译本。
③ 即马克思版本的《关于费尔巴哈的提纲》。——编者注
④ 编者未能考察出这部分的准确出处。
⑤ 根据译者的注释，这部分取自《社会主义从空想到科学的发展》（译者名之为《从空想到科学的社会主义底发展》）英文本1892年的序言。参见恩格斯：《费尔巴哈论》，彭嘉生译，上海：上海南强书局1929年版，第146页。
⑥ 即《神圣家族》中的"对法国唯物主义的批判的战斗"部分。
⑦ 根据译者的注释，这部分是从马克思的《经济学批判》的评论（1895年）中抄录出来的，但译者又指出恩格斯将这一评论发表于1859年《大众》（Das Volk）上。显然，这个解释存在着矛盾，因此，我们也未能完全判断出这一部分的准确出处，以后有待继续考证之。

书后附有译者后记（写于 1929 年 12 月）。这个译本是根据法国人赫尔曼·董克尔（Hermann Duncker）编辑的德文本翻译的，同时参照了英译本和日译本。① 这个译本分别在 1932 年和 1935 年进行了再版。中共中央马克思恩格斯列宁斯大林著作编译局（以下简称为"中央编译局"）图书馆收藏了该译本。②

同年 12 月出版了林超真的译本，其书名接近原书，为《费儿巴赫与德国古典哲学的末日》，而且附有恩格斯的序言、普列汉诺夫的序言（俄文本第二版序）以及《关于费尔巴哈的提纲》。③ 这个译本载于《宗教·哲学·社会主义》。这个译本是根据拉法格等人翻译的法译本翻译过来的④，而且译者在翻译时没有参考恩格斯的德文原文，只有部分内容与俄文进行了对照。

第三个译本是向省吾翻译，书名为《费尔巴哈与古典哲学的终末》。这个译本是全译文，但没有收录序言，该译本由上海江南书局于 1930 年 4 月出版。这个版本在目录中标上了五篇附录性文献，但在正文中却没有刊印出来。这个译本与彭嘉生的译本一样，附上了两个序言，即译者序（写于 1929 年 9 月）和编者序（亦即赫尔曼·唐克尔⑤所写序言）。这个译本依据的蓝本是德文《马克思主义文库》第 3 卷，同时参照了日译本。

---

① 为了让读者更加全面地了解早期译者的序言，我们在本书的附录"研究文献精选"中把董克尔的编者序言收录其中。客观讲，尽管这个编者序言与目前的研究比起来比较简略，但它也表明了早期人们对《费尔巴哈论》的关注（角度）。

② 参见《费尔巴哈论》，上海：上海南强书局 1929 年版。同时参见北京图书馆马列著作研究室编：《马克思恩格斯著作中译文综录》，北京：书目文献出版社 1983 年版。

③ 名为《马克思·费儿巴赫论纲要》，参见恩格斯：《宗教·哲学·社会主义》，林超真译，上海：亚东图书馆 1929 年版，第 229—372 页。

④ Fr. Engels, *Religion*, *Philosophie*, *Socialisme*, Traduit Par Paul et Laura Lafargue, Paris, Librairie G. Jacques et Oie, 1901.

⑤ 原文如此，即为董克尔，不同版本译法不同，保留原文译法。——编者注

第四个译本是杨东蓴①、宁敦伍翻译出版的《机械论的唯物批判论》，它是由上海昆仑书店于1932年5月出版，其中收录了除了马克思恩格斯之外的马克思主义者普列汉诺夫所写的注释。这本书在书后所附的附录最为全备，包括8篇文章：（1）马克思的《费尔巴哈论纲》，（2）恩格斯的《费尔巴哈论》补遗，（3）恩格斯的《史的唯物论》，（4）马克思的《法兰西唯物史论》，（5）恩格斯的《马克思的唯物论及辩证法》，（6）马克思的《费尔巴哈论纲原稿译文》，（7）马克思的《观念论的见解与唯物论的见解之对立》②，（8）《蒲列汉诺夫对费尔巴哈的序文和评注》。③ 书前有《发行者序言》，署名：赫尔曼·唐克尔。

第五个译本是青骊所译，由上海社会主义研究社于1932年11月出版，书名为《费尔巴哈论》。这个译本的最大特点是英汉对照，其中第31—97页为中译文，分四节，每节有标题，文前有序言。这本书的附录也收了马克思的《费尔巴哈论纲》，书前还有中译者序言（写于1932年11月20日）、英译者导言以及《社会主义名著译丛总序》。本书是根据黎威奥斯丁的英文本转译的。

第六个译本是摘译本，译者柳若水以黑格尔哲学批判为主题选取了费尔巴哈、马克思和恩格斯等人的十篇关于黑格尔哲学的著作，撷取其中的重要段落，翻译之后集结成册，书名为《黑格尔哲学批判》。这本书收录的是恩格斯的《费尔巴哈论》的第1节，并将之命名为《从黑

---

① 杨东蓴所翻译的最为人所熟知的著作是摩尔根的《古代社会》。摩尔根的书受到了马克思和恩格斯的高度关注，并被二人在不同的文献中大量引用。尽管人们没有研究《费尔巴哈论》与摩尔根的《古代社会》之间的关系，但众所周知，马克思和恩格斯对《古代社会》所做的研究成果都是在《费尔巴哈论》之前出版的，这两本书之间的关系，尽管在文本上没有直接相关性，但在思想上应该是一致的。

② 这部分内容出自《德意志意识形态》（原文译为《德意志观念形态论》）中的"费尔巴哈"章的"一般意识形态，特别是德国哲学"部分。

③ 普列汉诺夫所写的《费尔巴哈论》俄译本第一版序言和第二版序言都收录其中，但与第一版序言密切相关的注释没有收录。除此之外，这部书收录的附录内容与彭嘉生译本大体上相同，但内容更丰富。

格尔到费尔巴哈》(*von Hegel bis Feuerbach*)[①]。

第七个译本是韬奋摘译的《费尔巴哈论》第四章的一个脚注，篇名为《恩格斯的自白》，载《读书偶译》。[②]

第八个译本，同时也是对新中国成立后翻译的《费尔巴哈论》影响最大的译本，是由张仲实先生翻译、生活书店于1937年12月出版的。这本书甫一出版就受到欢迎和关注，因此时隔不久（1938年2月）就在汉口再版。这个译本是全译文，而且附上了序言，还附录马克思《关于费尔巴哈的提纲》，书前有译者序言（写于1937年8月1日），以及《伟大的哲学家》和《费尔巴哈与新兴哲学》两篇介绍文章。这个版本是竖排平装本，书名定为《费尔巴哈论》，书的扉页上印有"世界名著译丛之二"字样。接下来，在1938年4月，上海书店仍以《费尔巴哈论》为名进行了再版。这个版本目前由上海图书馆收藏。

接近新中国成立时，即1949年9月，北京解放社重印，但注明的却是初版。这一版仍为竖排平装本，但书名已经改成了《费尔巴哈与德国古典哲学的终结》（仍是全译文），而且这个版本附上了序言和马克思的《费尔巴哈论纲》，书前有译者序言（写于1949年6月8日），文中有著者注、俄文版编者注和译者注。本版根据《马克思恩格斯文选》（两卷本）1948年俄文版重新校正。

在新中国成立后，这个版本不断出版，根据资料显示，在新中国成立之后至少出现过多个版本，都是以新中国成立前的译本为基础进行的再版。现对这些版本列举如下：

（1）在新中国成立之初，《费尔巴哈论》就在1949年11月出版了解放社上海版的竖排平装本。这个版本是根据1949年9月校正版重印的，本版现收藏于浙江省图书馆。（2）解放社于1949年11月出

---

① 参见《黑格尔哲学批判》，上海：辛垦书店1935年版，第172—189页。其中收录了费尔巴哈的《黑格尔哲学批判》，马克思的《黑格尔法律哲学批判导言》（即《黑格尔法哲学批判导言》）、《黑格尔辩证法及哲学一般之批判》（即《1844年经济学哲学手稿》中的《对黑格尔的辩证法和整个哲学的批判》）和《黑格尔现象学批判草案》，恩格斯的《关于黑格尔》和《从黑格尔到费尔巴哈》。

② 参见韬奋编译：《读书偶译》，上海：韬奋出版社1937年版，第119页。

版了大连版的竖排平装本，这个版本也是根据1949年9月校正版重印的，目前该版由中央编译局图书馆收藏。(3) 根据资料显示，北京人民出版社于1949年9月出版了《费尔巴哈与德国古典哲学的终结》（第一版），书后附有《译者后记》（写于1953年3月3日），书名根据《马克思恩格斯文选》（两卷本）俄文版校订，并经陈昌浩校阅。1954年8月，北京人民出版社出版了第二版。1957年10月，北京人民出版社第三版，尽管书名是《费尔巴哈与德国古典哲学的终结》，但书后附加上了65条注释和人名索引以及《普列汉诺夫为恩格斯〈费尔巴哈与德国古典哲学的终结〉一书俄译本所写的序言和注释》和《对普列汉诺夫译文的注释》，译者于1956年9月24日为第三版写了《中译本第三版校订后记》。(4) 1964年6月，人民出版社出版大字本的《费尔巴哈论》，共分为2册，为横排函装本，并于1965年1月改版，书名为《费尔巴哈与德国古典哲学的终结》，书后附注释（87条）和人名索引，以及《普列汉诺夫为恩格斯〈费尔巴哈与德国古典哲学的终结〉一书俄译本所写的序言和注释》，本书马恩著作部分是张仲实译，经中共中央编译局根据《马克思恩格斯全集》俄文第二版第21卷和第3卷做了一些校订，并采用了有关本书的注释，书后普列汉诺夫为本书俄译本缩写的序言和注释部分是由中共中央编译局根据《普列汉诺夫哲学著作选集》第1卷和《普列汉诺夫全集》第18卷俄文版译出的。

第九个译本是由曹真翻译、上海文源出版社于1949年10月出版的竖排平装本《费儿巴赫》，书后附上了马克思的《费儿巴赫论纲要》（即《关于费尔巴哈的提纲》），但是这个版本没有刊印恩格斯后来写的序言。

新中国成立前最后一个译本是著名文学家周建人摘译的版本，摘译的内容仅有第2章前半部分和第4章前半部分，篇名为《鲁德维息·费尔巴哈》，著者译为"恩格尔斯"。这个版本载于英·E.朋司编辑的《新哲学手册》（第6—19页）。

(二) 新中国成立以后《费尔巴哈论》的翻译出版

新中国成立后,为了更全面系统地传播马克思主义,巩固马克思主义指导思想的地位,中共中央于1953年成立了中央编译局,开始组织对马克思恩格斯等马克思主义经典作家著作的翻译、出版等工作。除了张仲实的译本在新中国成立后仍然在不断再版之外,还有一些版本值得注意。其中之一是集体翻译、唯真校订的《费尔巴哈与德国古典哲学的终结》,这个版本载于《马克思恩格斯文选》第2卷(1965年),并且附加上了序言。其二就是目前我们看到的《马克思恩格斯全集》中文版第一版。《马克思恩格斯全集》是在《马克思恩格斯全集》俄文版第二版的基础上翻译过来的,时间持续了将近30年(最早于1956年出版的《马克思恩格斯全集》第3卷至1985年出版的多个卷次)。①《费尔巴哈论》收录于1965年9月出版的《马克思恩格斯全集》第21卷,其中全面收录了《费尔巴哈和德国古典哲学的终结》的全文及其《序言》。这个版本是在张仲实的译本的基础上根据《马克思恩格斯全集》德文版第21卷校订的,校订时还参考了俄、英等译文和其他有关的中译文。

1972年4月,北京人民出版社出版了一个横排平装本,其中包括正文、序言以及马克思的《关于费尔巴哈的提纲》,后面还附上了33条注释以及几篇附录,其中包括:(1)《普列汉诺夫为恩格斯〈费尔巴哈与德国古典哲学的终结〉一书俄译本所写的序言和注释》,(2)《〈普列汉诺夫哲学著作选集〉俄文版编者为普列汉诺夫的序言和注释所加的注释》。最后是在1972年出版《马克思恩格斯选集》时,编选者把《费尔巴哈论》(包括序言在内)又收录其中。

新中国成立后除了上述中译本之外,民族出版社根据中共中央编译

---

① 相关资料参见中央编译局网站,http://www.cctb.net/wxzl/jd/maen/。

局的中译本翻译、出版了多个民族语言的版本，其中包括蒙文版（1975年3月）、藏文版（1980年4月）、维吾尔文版（1975年10月）、朝鲜文版（1974年10月）、哈萨克文版（1980年2月）等民族文字译本。内蒙古人民出版社于1957年4月出版蒙古人民共和国达什多尔吉译的蒙文译本。

尽管《费尔巴哈论》已经有多个版本，但新中国的编译和研究人员并没有停止对它进行完善。在这里有两个小例子可以证明国内马克思主义研究翻译人员在完善《费尔巴哈论》中译本上所做的努力。

第一个例子是关于"哲学的基本问题"及其相关内容之翻译的不断完善。众所周知，像《费尔巴哈论》这样的经典著作往往会有多个译本，通过对比能够发现，后来的译本整体上明显优于之前的译本。就拿"哲学的基本问题"的翻译来说，较早的林超真的译本是这样翻译的："一切哲学尤其是近代哲学之根本大问题，就是关于思想和真实的关系问题，换一句话说，也就是精神和物质的关系问题。……那些认为物质——自然界——本来存在的哲学家就属于唯物论的各派。"① 张仲实的译本对这一内容的翻译如下："一切哲学，特别是近代哲学的最重大的根本问题，便是思维对存在的关系问题。……凡承认自然界为基本东西的，则属于各种不同的唯物论。"② 目前我们最常见的译本是这样翻译的："全部哲学，特别是近代哲学的重大的基本问题，是思维和存在的关系问题。……凡是认为自然界是本原的，则属于唯物主义的各种派别。"③ 正如人们所指出的那样，其中变化最为突出的是"本原"的翻译——它"从最初的'精神先存在'，到后来的'精神'先于自然界

---

① 林超真编译：《宗教·哲学·社会主义》，上海：亚东图书馆1929年版，第299—301页。
② 《费尔巴哈和德国古典哲学的终结》，张仲实译，上海：解放社1949年版，第34—36页。
③ 《马克思恩格斯文集》第4卷，北京：人民出版社2009年版，第277—278页。

而存在,再到'精神对自然界来说是本原的',这里显然……是概念意思上的改变。"① 这种术语的遴选和修改证明,《费尔巴哈论》的翻译已经达到了相当高度水准。

第二个例子是一篇整体讨论《费尔巴哈论》译本改动的文章——《〈费尔巴哈论〉译文的修改情况》②。中央编译局的编译人员所撰写《〈费尔巴哈论〉译文的修改情况》针对的是《马克思恩格斯选集》第4卷译文存在的两个主要问题:其一是对之前不确切的译文进行修订,其二是对原译文中遗留的俄文的表达方式进行了修订。③ 应该说,编译人员对以前译文中的一些不准确甚至错误的地方进行了校正,有些校正仅仅是字面上的修改,有一些则是根本性的改变。比如第一种情况,有这样一句话,"Ebensowenig wie die Erkenntnis kann die Geschichte einen vollendenden Abschluss finden in einem vollkommen Idealzustand der Menschheit"。这句话最初被译为:"历史同认识一样,永远不会**把人类的某种完美的理想状态看作尽善尽美的**",但这句话的真正内涵是:"历史不会达到完美的理想状态而终结",据此,他们把原译文改为"历史同认识一样,永远不会**在人类的一种完美的理想状态中结束**"。④

对于第二种情况,俄文译文在翻译过程中可能就存在着问题。比如:"Die Menschen machen ihre Geschichte, wie diese auch immer ausfalle,

---

① 徐素华:《马克思恩格斯著作在中国的传播:MEGA² 视野下的文本、文献、语义学研究》,北京:中国社会科学出版社 2013 年版,第 119—120 页。在这部分,尽管我在查看到徐素华引用的几个译本之前已经注意到了这些区别,但本文在这里仍直接采用了徐素华的研究成果。

② 这篇文章作为附录收录于吴振海主编:《〈费尔巴哈论〉教程》,天津:天津人民出版社 1987 年版,第 214—252 页。此文最初发表于《马列著作编译资料》第 2 辑,北京:人民出版社 1979 年版。本书在这一部分基本上摘录的是这篇文章的内容。

③ 众所周知,《费尔巴哈论》的最初中译本是从俄文转译过来的。如果说我们像伽达默尔所说的那样认为文本具有不可译性,那么转译就会出现更多的问题。或许这就是人们强调要回到(原始)文本,并强调采以 MEGA² 来翻译《费尔巴哈论》的最根本原因。

④ 吴振海主编:《〈费尔巴哈论〉教程》,第 246 页;另参见《马克思恩格斯文集》第 4 卷,北京:人民出版社 2009 年版,第 270 页。

indem jeder seine eignen, bewusst gewollten Zwecke verfolgt, und die Resultante dieser vielen in verschiedenen Richtungen agierenden Willen und ihrer mannigfachen Einwirkung auf die Aussenwelt ist eben die Geschichte."这段话最初译为:"人们通过每一个人追求他自己的、自觉预期的目的而创造自己的历史,却不管这种历史的结局如何,而这许多按不同方向活动的愿望及其对外部世界的各种各样影响所产生的**结果**,就是历史。"后来编译组人员将之改译为:"无论历史的结局如何,人们总是通过每一个人追求他自己的、自觉预期的目的来创造他们的历史,而这许多按不同方向活动的愿望及其对外部世界的各种各样作用的**合力**,就是历史。"① 对于这句话,我们来看一看关键词"Einwirkung",如果将之译为"影响",从字面上看似乎也没有什么错误,但是如果将之译为"合力",那么这会解决人们对唯物史观的攻击,并处理好个人意志与历史规律之间的辩证关系。应该说,这是一个较好的处理方式。但是,这篇文章中的一些改译也有一些不尽如人意之处。比如:"Wie in Frankreich im achtzehnten, so leitete auch in Deutschland im neunzehnten Jahrhundert die philosophische Revolution den politischen Zusammenbruch ein."原文曾译为:"正像在十八世纪的法国一样,在十九世纪的德国,哲学革命也作了政治变革的前导",编译组成员将之改为:"正像在十八世纪的法国一样,在十九世纪的德国,哲学革命也作了政治崩溃的前导。"② 但是我们如果再考察一下最新的中译本就会发现,译文仍然保留了"政治变革"的译法。实际上,如果我们根据恩格斯文章的现实语境不难看出,"变革"仍然是一个更加恰当的译法。

---

① 参见吴振海主编:《〈费尔巴哈论〉教程》,第251—252页;《马克思恩格斯文集》第4卷,北京:人民出版社2009年版,第302页。

② 吴振海主编:《〈费尔巴哈论〉教程》,第251页;《马克思恩格斯文集》第4卷,第267页。现在的译文是:"正像在18世纪的法国一样,在19世纪的德国,哲学革命也作了政治变革的前导。"

（三）"Ausgang"的翻译问题：一个个案

《费尔巴哈论》的德文全称是：*Ludwig Feuerbach und der Ausgang der klassischen deutschen Philosophie*。尽管我们在上文已经提到了翻译人员对《费尔巴哈论》中很多核心思想和术语的翻译进行了反复斟酌，无疑，这对我们准确把握恩格斯的思想非常关键，但还有一个关键术语的翻译及其理解需要给予重点关注，那就是究竟如何翻译和理解恩格斯这篇论著之题目中的术语"Ausgang"。

根据《新德汉词典》，"Ausgang"的含义有 8 项之多，其中与《费尔巴哈论》相关的包括："结果、结局"，"末端、尽头……（一个时期的）末尾、结束"，"出口、出口处"以及"开端、起点、出发点"等含义。在《费尔巴哈论》中，最贴近的含义应该是"（一个时期的）末尾、结束"，这个时期可以理解为"德国古典哲学时期"。但是，如果认为恩格斯在使用"Ausgang"时仅指这个时期的结束，那么有一些问题是难以理解的，比如对黑格尔以及青年黑格尔派之思想的理解和评价问题。① 但从另外一个角度来看，这个术语毕竟还包含着另外一个含义——"开端、起点、出发点"。这是不是意味着，恩格斯是在指证费尔巴哈的唯物主义哲学为当时的哲学思想在思辨哲学领域内绕圈子指出了一条新的路向呢？这一点在《费尔巴哈论》的结尾处似乎能够得到

---

① 我们在恩格斯晚年的很多著作中都看到，对黑格尔以及马克思批判尤甚的布鲁诺·鲍威尔，恩格斯都给予了较高的（同时也是较为客观的）评价。对于黑格尔及其哲学的积极评价，我们在《费尔巴哈论》中就能够窥见一斑，比如他在直陈黑格尔及其哲学的巨大影响时指出："可以理解，黑格尔的体系在德国的富有哲学味道的气氛中曾发生了多么巨大的影响。这是一次胜利进军，它延续了几十年，而且决没有随着黑格尔的逝世而停止。"（《马克思恩格斯文集》第 4 卷，北京：人民出版社 2009 年版，第 273 页。）其中，我们还看到了恩格斯对青年黑格尔派的褒扬。除此之外，恩格斯还专门撰文赞扬鲍威尔在思想领域中的革命性作用。在 1882 年 4 月份撰写的《布鲁诺·鲍威尔和早期基督教》一文中，恩格斯对鲍威尔的历史价值和地位给予了较高的评价，他认为，尽管人们（即官方神学家）对鲍威尔的逝世持有一种冷漠的态度，但是后者"比所有这些人更有价值"。因为在解决早期基督教如何能够产生并取得历史统治地位，并使之从一个被压迫阶级的宗教转变为"罗马世界专制皇帝的最好手段"问题上，"布鲁诺·鲍威尔的贡献比任何人大得多"，尽管这些研究仍然存在这样或那样的问题。参见《马克思恩格斯全集》第 19 卷，北京：人民出版社 1963 年版，第 327—329 页。

佐证，因为恩格斯在那里指出，在"有教养的"阶级抛弃理论转向实践的过程中，德国人似乎失去了理论兴趣。但在他看来，"德国人的理论兴趣，只是在工人阶级中还没有衰退，继续存在着。在这里，它是根除不了的"。而且只有德国的工人阶级及其主导的社会运动才是真正的"德国古典哲学的继承者"。① 在某种意义上，德国古典哲学在终结的地方直接指向了另外一个出路，那就是马克思主义。

但是在翻译过程中，由于理解上的问题，各种版本的不同译法却导致了各种误解。比如在英文版中，较为流行的译本对"Ausgang"的就有两种译法，一种是译为"Outcome"（结果、成果），另外一种就是"End"（终结、目的）。但是，《马克思恩格斯全集》中文版在翻译这个术语时，基本上采取的是第二种译法，即将"Ausgang"译为"终结"。然而，这种翻译却最终导致了人们对马克思和恩格斯对待德国古典哲学甚至是对哲学的态度产生了误解。因为，根据后一种译法，德国哲学（尤其是思辨的观念论哲学）随着马克思主义的出现已然消亡，从此以后再没有哲学可言。

正是为了矫正上述翻译所带来的理解上的误解，所以一些专业的哲学家兼翻译家才主张重新理解这个术语，矫正以前的翻译。贺麟先生即为一例。根据他的回忆，中央编译局和中央党校专门就《费尔巴哈论》的翻译修改召开了一个研讨会，他在会上指出，"Ausgang""译为'出发'或'出路'比较合适"，他的理由除了"Ausgang"的本义外，还有两个文本上的证明，其一是"至于费尔巴哈，虽然他在好些方面是黑格尔哲学和我们的观点之间的中间环节"；其二是"在这种情况下，我感到越来越有必要把我们同黑格尔哲学的关系，我们怎样从这一哲学出发又怎样同它脱离，作一个简要而又系统的阐述"。② 贺麟先生指出，根据恩格斯的论述，费尔巴哈在黑格尔哲学和马克思主义哲学之间作为中间环节确实起到了重要作用。既然是中间环节，那么题中应有之义

---

① 《马克思恩格斯文集》第4卷，北京：人民出版社2009年版，第312—313页。
② 《马克思恩格斯文集》第4卷，北京：人民出版社2009年版，第265—266页。

是,它既非某个理论体系的开端,也不是一个理论的终结点,它仅仅是为某个走到穷途末路的哲学找到一个桥梁。① 不难看出,贺麟先生的理解与恩格斯的解释是一致的。

如果将贺麟先生的观点加以拓展和具体化,那么对于费尔巴哈来说,他在以黑格尔为核心的德国古典哲学中确实起到了桥梁作用,因为当思辨哲学在面对幽暗闭塞的社会现实面前而无所作为时,就必须寻找另外一个出路。找到这个出路的人,恩格斯看来,就是费尔巴哈,而这个出路,就是他的"唯物主义"。如若要把"Ausgang"翻译为"终结",那么这种"终结"也仅仅是针对以黑格尔哲学为代表的思辨哲学的"终结",而不是整个西方哲学思想,甚至不是其他哲学体系的终结。② 但对于西方哲学中的其他哲学流派来说,费尔巴哈甚至对其产生和发展没有产生任何影响。③

也许正是认识到了这一点。朱光潜先生才提出了与贺麟先生译法不同、内涵一致的译法,即"结果"或"成果"。朱先生也通过马克思恩格斯的文献指出,把"Ausgang"译为"终结"或"终点"的译法显然没有充分考察到原作者的意图,因为不管是在马克思的《资本论》中,还是在《费尔巴哈论》中,都不能让马克思和恩格斯的理论达到内在的一致性。朱光潜进而指出,英、法、俄等译本对"Ausgang"的翻译都不准确,中文更是以讹传讹。在"1962年柏林德国科学院新出版的多卷本《现代德语大词典》"中,在例证"Ausgang"的第44项的含义时,列举的就是恩格斯的《费尔巴哈论》,在这里它的含义是"一个时间段落",同时通过对照1964年出版的马克思的《1844年经济学哲

---

① 中央编译局马克思恩格斯室编:《马克思恩格斯著作在中国的传播》,北京:人民出版社1983年版,第176—177页。

② 我们在下文将会指出,就算是费尔巴哈,也没有完全"终结"黑格尔派哲学或"唯心主义",因为他在实践领域仍然在继续坚持"唯心主义"。这也是马克思恩格斯批判费尔巴哈"半截子唯物主义"的原因之一。

③ 比如,费尔巴哈同时代的叔本华和尼采的意志论哲学甚至之后的现象学等都仍然在西方哲学传统中占据着重要甚至是主流位置。

学手稿》的译本，得出了译为"结果"或"成果"更为合理的结论。①尽管这种译法也具有一定的模糊性——在中文当中，人们很少将"结果"或"成果"理解为阶段性的，而是一般将之理解为结论性的——但这毕竟肯定了德国古典哲学的价值和意义，因而也为开放性理解它留下了空间。

通过"Ausgang"的翻译不难看出，包括《费尔巴哈论》在内的马克思恩格斯著述的中文译本在翻译者和研究专家的努力下变得越来越准确可信。所以我们有理由相信，随着整体编译水平的提高，人们不再经过转译（主要是经过俄文版和日文版等），而是越来越直接面对最初乃至最原始的文本——《马克思恩格斯全集》中文第二版基本上是依据原文（即最权威的版本 MEGA²）翻译过来的——所以《马克思恩格斯全集》第二版的翻译应该是值得信赖的，当然前提是在翻译过程中必须充分借鉴前人的研究、翻译成果。当然，由于收录《费尔巴哈论》的 MEGA² 第 I 部门第 30 卷刚刚于 2011 年出版，《马克思恩格斯全集》第二版还没有翻译和出版这一文献，所以未来是值得期待的。②

（本文来自 2016 年中央编译出版社出版的田毅松所著《恩格斯〈路德维希·费尔巴哈和德国古典哲学的终结〉研究读本》有关内容。）

---

① 关于马克思，这里指的是他在《资本论》第 1 卷第二版的跋中对黑格尔及其哲学的尊重和强调——"我公开承认我是这位大思想家的学生，并且在关于价值理论的一章中，有些地方我甚至卖弄起黑格尔特有的表达方式。辩证法在黑格尔手中神秘化了，但这决没有妨碍他第一个全面地有意识地叙述了辩证法的一般运动形式。"（《马克思恩格斯文集》第 5 卷，北京：人民出版社 2009 年版，第 22 页）关于恩格斯，指的则是在《费尔巴哈论》结尾处的论断——"德国的工人运动是德国古典哲学的继承者。"（《马克思恩格斯文集》第 4 卷，北京：人民出版社 2009 年版，第 313 页。朱光潜：《美学拾穗集》，北京：百花文艺出版社 1980 年版，第 43—44 页。）

② 值得注意的是，尽管有些版本在 MEGA² 中已经有了最新版本，但这些最新成果在最新翻译的马克思恩格斯文献中并没有体现出来。比如《资本论》及其手稿在 MEGA² 中作为一个部门单独列出，并且已经完全出齐，然而有的学者指出，不管是《马克思恩格斯全集》第二版的第 44—46 卷，还是《马克思恩格斯文集》第 5—7 卷，都没有吸收 MEGA² 的编辑成果。

弗・恩格斯著

費爾巴哈與德國古典哲學的終結[*]

序　言

　　馬克思在他的政治經濟學批判（一八五九年在柏林出版）一書序言中說到，我們兩人於一八四五年在布魯塞爾決定『共同來研討我們與德國哲學思想觀點相對立的觀點』，——即主要由馬克思所規定的唯物史觀，——『實質上也就是來清算我們過去的哲學信仰。這一願望是以批判黑格爾以後的哲學的形式實現了。用八開紙訂成兩厚冊的稿子送到威斯特發里亞那裏的出版地方，過了好久我們才得知由於情勢改變而不可能付印。既然我們的主要目的——自己弄清問題——已經達到了，我們也就更加樂意地把那稿子交給了耗子去批判。』

　　從那時起已過了四十多年了，而馬克思已經逝世了。不論他或我，都從未有過一次機會回頭談到這個題目。關於我們對黑格爾的關係，我們雖然就個別緣由曾經有所說明，但是任何地方都沒有充分全備說到。至於在某些方面畢竟是黑格爾哲學與我們理論之間的中間環節的費爾巴哈，那我們就完全沒有回顧過他了。

　　這期間，馬克思的世界觀，在越出德國和歐洲範圍以外很遠的地方，並且在世界上所有一切語文中，都找到了信從者。另一方面，德國的古典哲學，在國外，尤其在英國和斯堪的那維亞各國中，處於一種好像是復活的狀態。甚至在德國，那裏各大學裏冒充哲學托

---

[*] 本內容來自莫斯科外國文書籍出版局出版的《馬克思恩格斯文選》一書。

出的一點貧乏折衷主義雜碎湯，看來已開始使人人討厭起來了。

因此，我就一天一天更加覺得必須用簡要而有系統的形式說明我們對黑格爾哲學的關係，——說明我們曾經怎樣從這個哲學出發並且又怎樣跟它分離了。同樣，我曾認為我們還負有一項榮譽債務，就是要完全承認：在我們那個狂風暴雨時期，費爾巴哈比黑格爾以後任何其他哲學家都對我們起了更大的影響。所以，當新時代雜誌編輯部請我寫篇文章來評述史達克所著論費爾巴哈一書時，我就欣然應允了。我的這部著作是在該雜誌一八八六年第四第五兩期上發表的，現在由我重加修訂印成單行本問世。

在把這幾頁稿子送去付印以前，我找出一八四五至一八四六年的舊稿[1]來再次閱覽了一遍。其中關於費爾巴哈的一章沒有寫完。已寫好的一部分是論述唯物史觀的；這個論述，只是表明當時我們在經濟史方面的認識還是如何不夠。在舊稿內，對於費爾巴哈的學說本身未加批評；所以舊稿對於我們現在這一目的是不合用的。可是，我却在馬克思的一本舊筆記簿中找到了十一條論費爾巴哈的提綱，就拿來作為本書的附錄。這是些倉卒草成的筆記，還待作進一步研究，並沒有打算付印的。但是，這些筆記作為包含有新世界觀天才萌芽的第一個文件，是極其寶貴的。

弗利德里赫·恩格斯

一八八八年二月二十一日，倫敦。

由弗·恩格斯為其費爾巴哈與德國古典哲學的終結一書一八八八年在斯圖加特出版的單行本寫的序言。　　按照書上所載本文刊印。原本係德文。

---

[1] 係指德國思想體系而言。——編者註。

費爾巴哈與德國古典哲學的終結

（一）

放在我們面前的這部著作[1]使我們返回到的那個時期，就時間說距我們還不過一代之久，但它對於德國現今的一代人已是如此陌生，彷彿跟他們相隔已有整整一個世紀了。然而這終究是德國準備一八四八年革命的時期，爾後我們這裏所發生的一切都僅僅是一八四八年的繼續，僅僅是執行革命的遺囑罷了。

正像在十八世紀的法國一樣，在十九世紀的德國也是由哲學革命作了政治變革的導言。然而這兩個哲學革命却是彼此多麼很少相像呵！法國人公開進行戰爭反對一切官方學術，反對教會，常常也反對國家；他們的著作拿在國外──荷蘭或英國──去印刷，而他們本人則時常被送進巴士底監獄裏去。反之，德國人却是些教授，是些由國家委任的青年訓導員；他們的著作，是官廳所認可的指南書，而集一切哲學發展大成的黑格爾體系甚至在某種程度上高陞到普魯士王國國家哲學的地位了。難道這些教授們的背後，在他們的迂腐隱晦的言論中，在他們的笨拙枯燥的語句裏面，竟能隱藏着革命嗎？！難道那時號稱革命代表者的人，──自由黨人，──不是最激烈地反對過這種使人頭腦紛亂的哲學嗎？然而不論政府或自由黨人都未能覺察到的一點，早在一八三三年至少有一個人已經看出來了；誠然，這個人不是別個，而是亨利·海涅[2]。

---

[1] 哲學博士史達克著：費爾巴哈論，一八八五年在斯圖加特由恩克書店出版。（這是恩格斯加的附註。）

[2] 恩格斯是指海涅關於『德國哲學革命』的意見，這些意見包含在一八三三年海涅所寫的論德國宗教和哲學的歷史一書中。──編者註。

舉個例子吧。再沒有哪一個哲學命題，如黑格爾所謂『一切現實的皆是合理的；一切合理的皆是現實的』這個有名的命題一樣受過近視的政府方面的感激和同樣近視的自由黨人方面的憤怒了。須知這個命題，顯然是替現存一切作辯護，是在哲學上替專制政體祝福，替警察式國家祝福，替服從國王敕命的訴訟手續祝福，替書報檢查制度祝福。威廉第三就是這樣想過；他的臣民也是這樣想過。但是，黑格爾的意思根本不是說，凡存在的一切無條件地都是現實的。在他看來，現實的屬性僅屬於那同時是必然的東西。『現實性在其展開過程中自己表明爲必然性』。所以他並不把政府的任何一個措施，——黑格爾本人則舉『某種稅則』爲例——都直截了當地承認爲現實的。可是必然的東西，歸根到底總也是合理的東西；所以黑格爾的這一命題，在應用於當時的普魯士國家時，意思只是說，這個國家在它是必然的這個限度內，才是合理的，才是適應於理性的。如果說，在我們看來，它終究是不中用的，雖說不中用，而它仍繼續存在，那末政府的不中用，就可用臣民那相應的不中用來辯解和說明。當時的普魯士人有着他們所應該有的政府。

但是，根據黑格爾的意見，現實性並不是某種社會制度或政治制度在一切環境和一切時代所固有的一種屬性。恰恰相反。羅馬共和國固然是現實的，但是排斥了這個共和國的羅馬帝國也是現實的。法國的君主政體，在一七八九年成爲如此不現實的東西，即成爲如此喪失了任何必然性的東西，成爲如此不合理的東西，以致大革命（黑格爾總是興高采烈地談到這個大革命的）應當把它消滅掉。因此，在這裏，君主政體便是不現實的，而革命却是現實的了。同樣，在發展的進程中，凡從前是現實的一切，都會成爲不現實的東西，失掉自己的必然性，失掉自己存在的權利，失掉自己的合理性。 於是一種新的、有生活能力的現實就代替消亡着的現實——如果舊的東西充分理智，不加抵抗即行死亡，那便和平地代替；如果舊的東西抵抗這種必然性，那便暴力地代替。這樣一來，黑格爾的這個命題，由於黑格爾的辯證法本身，就轉化為自己的反面：凡人類歷史領域內的一切現實的東西，隨着時間的推移，終久要變成不合理的東西，因而，它按其本性就已是不合理的，老早就含有不合理性；凡在人們頭腦中是合理的一切，却一定要變成現實的東西，不管它跟現存的、好像是現實的事物如何相抵觸。按照黑格爾思維方法的各種條規，凡是現實的東西都合乎理性這個命題，就變成為另一命題：凡存在的一切，都是應當滅亡的。

但是，黑格爾哲學（我們在這裏把我們的考察只限於從康德以來哲學運動中的這個結束階段）的真實意義和革命性質，正是在於黑格爾哲學永遠結束了那以爲人的思維和行動的結果具有最終性質的看法。哲學所應當認識的真理，在黑格爾看來，已不復是一簇現成的一經發現後就只須熟讀死記的教條；現在，真理已是包含在認識過程本身中的，是包含在科學長期的歷史發展中的，科學從知識的低級階段上升到越來越高的階段，但是科學永遠不會達到這樣的一點，即永遠不會因它在發現了某種所謂絕對真理以後，就再不能越過此點，於是只好驚愕地束手觀望這個已獲得的絕對真理。不僅在哲學的認識上是如此，就是在任何其他的認識上以及在實踐行動方面，也是如此。歷史跟認識一樣，永遠不會在人類的某種完美的、理想的狀態中達到盡善盡美的境地；至善的社會、至善的『國家』，——這都是只有在幻想中才能存在的東西。反之，凡在歷史上彼此更替的一切社會秩序，都不過是人類社會由低級到高級的無窮發展進程中的一些暫時階段而已。每個階段都是必然的，因此，每個階段，對於它賴以發生的時代和條件說來，都有自己存在的理由。但是它在新的條件，即在自己內部逐漸發展起來的更高的條件面前，却變成不鞏固的東西，並失去自己存在的理由了。於是，它不得不讓位於更高的階段，而這個更高的階段也同樣是要走向衰落和滅亡的。這種辯證法的哲學打破了一切關於最終的絕對真理，以及關於與這絕對真理相適應的人類絕對狀態的看法，正如資產階級依靠大工業、競爭和全世界市場，在實踐上破壞了一切固定的、歷來受人尊崇的制度一樣。在辯證哲學看來，根本沒有什麼一成不變的、絕對的、神聖的東西。它認為一切和任何事物中都含有必然滅亡的跡象，除了不斷的發生和消滅過程，除了由低級昇至高級的這一毫無終極的上升過程外，再沒有什麼東西是能避免滅亡的。 辯證哲學本身就不過是這一過程在思維著的頭腦中的反映而已。誠然，辯證哲學也有保守的方面：它認為認識和社會關係的每一個發展階段對於相當的時間和相當的條件說都是正當合理的，但不過如此而已。這一理解方法的保守方面是相對的，它的革命性質是絕對的，——這就是辯證哲學所承認的唯一絕對的東西。

至於這個理解方法是否跟現今的自然科學相符合，——自然科學對於地球本身預言了可能的末日，而對於地球上的可居性則預言了頗為確實的末日，因而認定，人類歷史將不但有向上的分枝，而且也有向下的分枝，——關於這個問題我們在這裏就沒有考察的必要了。不論如何，我們現在距社會歷史開始沿下降綫運動的轉變點還相當遠，所以我們不能要求黑格爾哲學去研究那還沒有由當時的自然科學提到日程上的問題。

然而在這裏必須指出一點：在黑格爾那裏，上述的見解，並沒有以像我們所闡述的這樣鮮明的形式解說出來。這是他的方法必然要得出的結論，不過黑格爾本人從來也沒有如此確定地作出這個結論，這簡單地是由於黑格爾急於要去建立一種體系，而依照傳統的習慣，哲學體系是要有某種絕對真理來完成的。所以，這位黑格爾，特別是在他的邏輯學中，曾強調地說，這種永久真理無非是邏輯的（或歷史的）過程本身，但這同一個黑格爾却又不得不使這一過程有個終點，因為他總該在某一點上來結束他的體系呵。在邏輯學裏面，他可以又把這個終點作為起點，因為在那裏，終點，即絕對觀念——其所以是絕對的，只是由於他關於這觀念絕對不能說出什麼來——把自己『外化』（即轉化）為自然，然後在精神上，即在思維中和在歷史上，又返回到自身。可是在全部哲學的終點上，為要這樣返回到起點，只有一條路可走，即須要這樣地來設想歷史的終點：人類達到了正好對這個絕對觀念的認識，並宣佈對絕對觀念的這種認識已經在黑格爾的哲學中達到了。但這就是說把黑格爾體系的一切教條內容都宣佈為絕對真理，因而也就與他那打破一切教條東西的辯證法相矛盾了。這樣一來在過分增長的保守方面的重壓之下，革命方面便被窒息了，——這不僅在哲學認識的領域內是如此，就是對於歷史的實踐也是如此。人類既以黑格爾為代表想出了絕對觀念，那末人類在實踐領域內也應當前進得如此遼遠，竟至可以把這個絕對觀念實現為現實了。可見，絕對觀念不應當向自己的同代人提出太高的政治要求。所以，我們從法權哲學一書的結尾上知道，絕對觀念應當在威廉第三這麽頑強和這麽毫無結果地向他的臣民約許的那種等級制君主政體中實現出來，這也就是說，應當在有產階級的、那適應於當時德國小資產階級關係的有限的和溫和的間接統治中實現出來。 並且還用思辨的方法給我們證明了貴族的必要性。

可見，單是哲學體系內部的需要便能充分說明，為什麽高度革命的思維方法竟引起了極其溫和的政治結論。但是這一結論的特殊形式，當然，我們應歸咎於下述情況，即黑格爾是一個德國人，他也像他的同時代人歌德一樣，還留有不少的庸人習氣。歌德像黑格爾一樣，各在自己的領域以內，都是真正的奧林匹亞山上的宙斯，然而兩人都未能完全免去德國的庸人習氣。

可是所有這些，並沒有妨碍黑格爾的哲學體系包括了比從前任何哲學體系都更廣泛無比的領域，而且沒有妨碍它在這一領域內發展了迄今還令人驚異的豐富思想。精神現象學（也可稱為與精神胚胎學和精神古生物學類似的學問，是個人意識在其各個發展階段上的描寫，這些階段可視作人的意識在歷史上所經過的諸階段的縮影），邏輯學，自然哲學，分成個別歷史門類如歷史哲學、法權哲學、宗教哲學、哲學史、美學等等來研究的精神哲學——在所有這些不同歷史部門的每一部門中，黑格爾都力求找出並指出貫穿其中的發展線索。既然他不僅具有創造的天才，而且具有淵博的學識，所以他的出現在各處都劃了一個時代。不用說，『體系』的需要，常常迫使他在這裏援用強制的結構，關於這些結構，他的渺小的敵人一直到現在還狂暴地喊叫着。但這些結構僅僅是他所建築的大廈的外框或木架。誰只要不是白白地停留在這些外框和木架跟前，而是深入到大廈裏面去，那他在那裏就可以發現無數的宝藏，這些宝藏直到現在還保存着自己十足的價值。在一切哲學家那裏，暫時性的東西正是『體系』，因爲體系是從人的精神之非暫時的需要，即克服一切矛盾的需要中產生的。假使一切矛盾都一下子永遠消除了，那末我們也許就可以達到所謂絕對真理，——那時全世界歷史也許就完結了，但同時這歷史却應當繼續下去，雖然它已經再沒有什麼可幹了。這樣一來，這裏就發生了一個新的、不可解決的矛盾。要求哲學解決一切矛盾，也就是說要求一個哲學家來作出那只有全人類在其前進的發展中才能完成的事情。既然我們明白了這一點，——這點我們應該感謝黑格爾要甚於感謝任何人，——那末一切舊的哲學就從此終結了。我們暫且放下循着這個途徑並且對每個人單獨說來不可達到的『絕對真理』，而循着實證科學和用辯證思維方法概括這科學的成果的途徑來努力追求對我們說來是可以達到的相對真理吧。一般地講，哲學是由黑格爾完成了：一方面，因爲他的哲學體系乃是集以往的哲學全部發展之大成；另方面，因爲他本人——雖是不自覺地——給我們指出了一條走出體系迷宮而達到真正切實認識世界的途徑。

黑格爾哲學體系，在德國富有哲學味道的氣氛中曾發生了如何巨大的影響，這是不難明白的。這是一個凱旋式的行進，它延續了整整幾十年，並沒有因黑格爾的逝世而停止。反之，正是在一八三〇到一八四〇年這一期間，『黑格爾主義』的獨佔統治達到了頂

（一）

点，它甚至多少感染了自己的敌人；正是在这个期间，黑格尔的见解——自觉地或不自觉地——大量侵入各种不同的科学内，甚至给那中等的『有教养的意识』由之汲取自己思想材料的通俗读物和日报也提供了一种酵母。但这种全线上的胜利仅仅是内鬨的序幕罢了。

黑格尔的学说，就整个而言，像我们所看到的，给各种不同的实践的党派见解留下了很大的余地。而在当时德国的理论生活中有实践意义的，首先是两件东西，即宗教和政治。一个偏重黑格尔体系的人，可能在这两方面当中每一方面都很保守。而一个以辩证方法为主要的人，却可能是在政治方面和宗教方面都属于最极端的反对派。黑格尔本人，虽然在他的著作中常常爆发出革命的愤火，但一般说来，他显然是更倾向于保守方面：难怪他在他的体系上比在他的方法上化费了更多得多的『艰苦的思想工作』。到了三十年代末，他的学派的分裂，一天比一天显著了。在反对正统虔诚教徒和封建反动者的斗争中，所谓青年黑格尔派——左翼——逐渐地放弃了在哲学上对当前火急问题所持的轻视态度，由于这种轻视态度，政府曾容忍了他们的学说，甚至保护了他们的学说。迨至一八四〇年，正统教徒的伪善和封建专制的反动，以威廉第四为代表而登上了宝座，这时他们就必得公开地站在这派或那派方面了。斗争依旧是用哲学的武器进行着，但已经不是为了抽象哲学的目的。问题已经直接是要消灭传统的宗教和现存的国家了。如果说在德意志年鉴[1]上，实践的终极目的主要还是穿着哲学服装而出现的话，那末在一八四二年的莱茵报上，青年黑格尔派的说教已经直接是日益抬头的急进资产阶级的哲学了；哲学的外衣，对它只是为了转移检查机关的视线而已。

[1] 德意志科学艺术年鉴（《Deutsche Jahrbücher für Wissenschaft und Kunst》）是青年黑格尔派的机关刊物，于一八四一至一八四三年在来比锡由鲁格和艾特梅主编出版。——编者注。

但是政治的道路在當時是條荆棘叢生的道路,所以當時主要的鬥爭是反對宗敎的。不過,在當時,特別是從一八四〇年起,反對宗敎的鬥爭間接地也是政治的鬥爭。一八三五年出版的史特勞斯所著耶穌傳一書,成了頭一個起因。後來布魯諾·鮑威爾出來反對該書中所叙述的福音神話發生說,他證明許多福音故事都是福音作者自己所杜撰的。史特勞斯與鮑威爾之間的爭論,是假託爲哲學上『自我意識』與『實體』之間的鬥爭而進行的。關於福音中的神怪故事究竟是如何發生,究竟是通過公社內部不自覺根據傳統創造神話的辦法形成的,還是福音作者自己杜撰的這個問題,已擴展成了關於什麼——『實體』還是『自我意識』——是全世界歷史上的主要原動力問題。末了,現代無政府主義的預言者施蒂涅爾出現了,——巴枯寧從他那裏抄襲了好多東西,——他用他那至上的『唯一的我』把至上的『自我意識』壓倒了[1]。

　　我們不來更詳細地考察黑格爾學派解體過程的這一方面了。在我們看來,更重要的是注意到下面這一點:對現存宗敎進行鬥爭的實踐要求,把許多最堅決的青年黑格爾派分子引導到英法唯物主義了。他們在這裏就跟自己學派的體系發生了衝突。唯物主義把自然界看作唯一的現實,而在黑格爾體系中,自然界不過是絕對觀念的『外化』,好像是絕對觀念的退化;不論如何,思維及其思想產物,即觀念,在這個體系中被視爲第一性的東西,而自然界則被視爲派生的,只是由於觀念屈躬下降到了這個地步才存在的東西。青年黑格爾派便以各種不同的方式糾纏在這個矛盾中了。

　　這時就出現了費爾巴哈著的基督敎的本質[2]一書。它一下子就消除了這個矛盾,重新並直截了當地宣告了唯物主義的勝利。自然界是不依賴任何哲學而獨立存在的。自然界乃是我們人本身即自然

---

[1] 恩格斯指的是一八四五年出版的麥克斯·施蒂涅爾(卽卡斯巴·施米特的筆名)的唯一的我及其財產一書。——編者註。

[2] 費爾巴哈著基督敎的本質一書,於一八四一年在來比錫出版。——編者註。

（一）

界的產物賴以生長起來的基礎。在自然界和人以外，再沒有什麼東西了，由我們的宗教幻想所造成的神物不過是我們自身本質的幻想的反映。於是魔法就被消除了；『體系』就被打爛而抛棄在一旁了，那個矛盾單祇由於它被發現只存在於我們的想像中就被解決了。這部書的解放作用，只有親身經受過它的人才可理解到。那時大家都很興奮，我們都是一下子就變成了費爾巴哈派了。馬克思是怎樣熱烈地來歡迎這種新的見解，而這種新的見解是如何強烈地影響了他，——不管他有一切批評的保留意見，——這點可從神聖的家庭一書中看出來。

甚至費爾巴哈這部書的缺點，在那時也加強了它的影響。美麗的、有些地方甚至過於鋪張的詞藻，給該書保證了廣大的讀者，不論如何，在抽象而晦澀的黑格爾主義的多年統治以後，使人的耳目為之一新。關於愛的過度的神化，也可說是如此。對這種愛的神化，雖不能加以辯護，但尚可原諒，因為它是對那已經成為完全不堪容忍的『純粹思維』的專制之反應。可是我們不應忘記，『眞正的社會主義』正是抓着了費爾巴哈的這兩個弱點，這『眞正的社會主義』，像傳染病一樣，自一八四四年起，在德國『有敎養的』人們中間傳播起來，它以美麗的詞句代替了科學研究，不是用經濟上革新生產的方法來解放無產階級，而主張靠『愛』來解放人類——一句話，它沉溺在涎可惡的詞藻和泛愛的空談中了。這一方向的典型代表者就是卡爾·格龍先生。

還有一點，我們也不要忘記，就是黑格爾學派雖然解體了，但黑格爾哲學還沒有經過批判而被制勝。史特勞斯和鮑威爾，各人拾取了黑格爾哲學的一方面，作為辯論的武器，而用以相互攻擊。費爾巴哈打破了黑格爾哲學體系，乾脆把它抛棄了。但是宣佈這個哲學是錯誤的，還不等於制服了這一哲學。像黑格爾哲學這樣對民族精神發展有過巨大影響的偉大作品，是決不能靠簡單置之不理的辦法就把它收拾的。應該從它的本來意義上『揚棄』它，就是說，用批判方法消滅它的形式，而救出它所獲得的新的內容。以後我們可以看到，這一任務究竟是怎樣解決了的。

但是這時，一八四八年的革命，毫不客氣地把任何哲學都撇在一旁，正如費爾巴哈撇開了他的黑格爾一樣。而同時，費爾巴哈本人也被排擠到後面去了。

（二）

全部哲學，尤其是近代哲學的偉大基本問題，就是思維對存在的關係問題。在遠古的時候，人們還絲毫不知道自己身體的構造，還不會解釋夢裏的現象[1]，便以爲他們的思維和感覺並不是他們身體的活動，而是某種獨特東西即寄居在這個身體內並在人死亡後就離開這個身體的靈魂的活動，——自從這個時候起，人們就不得不思索到這個靈魂對外界的關係。既然靈魂在人死亡時就跟肉體分開而繼續活着，那末便沒有絲毫理由去設想靈魂另外還有什麼死亡了。這樣就產生了關於靈魂不死的觀念，這個觀念，在那一發展階段上，並沒包含任何可以安慰的東西，只令人覺得是一種不可避免的命運，並且，例如在希臘人中間，往往被認爲是一種真正的不幸。到處引起了關於個人不死的枯燥臆想的，並不是宗教上的安慰的需要，而是這樣一種簡單的情況，即人們既承認有靈魂存在，就由於一般的局限性，怎樣也弄不明白，靈魂在肉體死亡後又該到何處去呢。完全同樣的，由於自然力被體化爲人的緣故，最初的神靈也產生了，這些神靈在宗教的進一步發展的進程中愈益採取了超世間力量的面貌，一直到由於在智力發展行程中自然發生的抽象化過程——差不多可以說是蒸餾過程——的結果，在人們頭腦中終於

---

[1] 現在蒙昧人和低級野蠻人中間，也還到處流行一種觀念，以爲他們所夢見的人的形象乃是暫時離開肉體的靈魂，而且認爲，真實的人應當對於作夢者在夢中所見到的他的行爲負責任。比如伊姆士倫於一八八四年在圭亞那的印第安人中就發現了這種情形。（這是恩格斯加的附註。）

（二）

从许多或多或少有限制和彼此限制的神灵中产生了关于一神教的单一独有神的观念。

因之，全部哲学的最高问题，即思维对存在，精神对自然界的关系问题，是跟任何宗教一样根源于蒙昧时期人们的狭隘愚顽观念中的。但是，这个问题只有在欧洲人类从基督教的中世纪的长久冬眠状态中醒觉以后，才能充分尖锐地提出来，才能获得它完全的意义。思维对存在的关系问题，即究竟何者——精神或自然界——是第一性的问题，这一在中世纪的烦琐哲学方面也曾起过很大作用的问题，故意对着教会采取了更尖锐的形式：世界是由神创造的呢，还是世界本来就存在着呢？

哲学家就是依其如何回答这个问题而分成两大营垒的。凡断定说精神先于自然界存在，因而归根到底这样或那样承认创世说的人（在有些哲学家，比如黑格尔那里，创世说往往采取了比在基督教那里还要混乱而荒唐的形式），便组成唯心主义的营垒。凡认为自然界是基本起源的，则属于唯物主义的各派。

唯心主义和唯物主义这两个名词本来没有任何别的意思，它们在这里也只是在这个意义上才被使用的。以下我们就可以看到，当人们给它们加上某种别的意义时，就会造成怎样的混乱呵。

但是思维对存在的关系问题，还有另一个方面：我们关于我们周围世界的思想对这个世界本身究竟处于怎样的一种关系呢？我们的思维能否认识现实世界呢？我们能否在我们关于现实世界的表象和概念中得出一个对现实的正确反映呢？用哲学语言来说，这个问题就叫做思维和存在的同一性问题。绝大多数的哲学家都是肯定式地解决这个问题的。例如在黑格尔那里，对这个问题的肯定答案当然是有如下述：在现实世界中，我们所认识到的，正是这世界的思想内容，正是世界所赖以成为绝对观念的逐渐实现的东西，而绝对观念是不依世界并且先于世界而永古存在于某处的。很明白的，思维能够认识那早先已是思维内容的内容。同样很明白的，

13

這裏所要證明的命題，已經默然地包含在前提本身中了。但是這絲毫沒有妨礙黑格爾從他的思維和存在的同一性的論證中作出進一步的結論：既然他的思維認為他的哲學是正確的，那就是說這個哲學是唯一正確的哲學；由於思維和存在的同一性，人類應當馬上把這一哲學從理論領域轉移到實踐中去，並照黑格爾的原則來改造全世界。這種幻想是他以及差不多其他一切哲學家所固有的。

但是，此外還有其他一些哲學家，他們否認有可能認識世界，或者至少是否認有可能澈底認識世界。屬於這類哲學家的，在現代哲學家當中有休謨和康德，他們在哲學的發展上曾起過很大的作用。對於駁斥這一見解有決定性的東西，已由黑格爾在從唯心主義觀點上所能作到的限度內說過了。費爾巴哈所附加的唯物主義的反駁，與其說是深刻，不如說是機智。把這些以及其他一切哲學遁辭駁斥得最澈底的就是實踐，即實驗和工業。既然我們能以親自製造出自然界某一現象，依它的條件把它產生出來，並使它服務於我們的目的的事實來證明我們對於這一現象認識的正確，那末康德的那個不可捉摸的『自在之物』就要完結了。在動植物軀體上所形成的種種化學物質，當有機化學還沒有開始把它們一一製造出來時，便始終是這類『自在之物』；而當有機化學已開始把它們一一製造出來時，『自在之物』就變成了為我之物了。例如拿亞里查林即茜草色素來說，我們現在已不是從那生長於田野上的茜草根中取得它，而是用更便宜更簡單得多的方法從煤焦油中取得它了。哥白尼的太陽系學說在三百年間被人視為假設，固然是種很可信的假設，但終究是一種假設。可是，當列月爾署根據這太陽系學說的論據，不僅證明一定有一個前此所未知的行星存在，而且已用計算方法確定它在太空中的位置，後來加列果然已發現這個行星[1]時，哥白尼的太陽系學說就被證明了。如果德國的新康德主義者力謀復活康德的觀

---

[1] 係指柏林天文台觀察員加列於一八四六年所發現的海王星而言。——編者註。

點，而英國的不可知論者力謀復活休謨的觀點（在那裏休謨的觀點從沒有死亡過），雖然理論和實踐早已推翻了這兩個觀點，那末這在科學上就是一個開倒車的運動，而在實踐上則不過是一種當衆拒絕唯物主義，暗中却偷運它的羞怯作風。

然而在從笛卡兒到黑格爾和從霍布斯到費爾巴哈這一長久時期，推動哲學家們前進的，決不像他們想像的那樣完全只是純粹思維的力量。恰恰相反，實際上，推動他們前進的，主要是自然科學和工業日益迅速的和日益猛烈的強大發展。這對於唯物主義者說來是一望而知的，而且唯心主義者的諸體系也漸漸充實了唯物主義的內容，力謀用泛神論來調和精神與物質的對立。在黑格爾的哲學體系中，事情竟弄到這種地步，就是這個體系，不論就方法或就內容來說，都不過是按照唯心主義倒置起來的唯物主義罷了。

從上面所講的一切當中，就可以明白，爲什麼史達克在他對費爾巴哈的評述裏，首先研究費爾巴哈在思維對存在的關係這個基本問題上的立場。在作過簡短的導言以後——在這個導言裏，以前的特別是自康德以來的哲學家們的見解，都是用過於晦澀難解的哲學語言來闡明的，並且作者對於黑格爾未給予應有的地位，僅以過度的形式主義論述了他的著作中的若干個別地方，——史達克就詳細闡述了費爾巴哈『形而上學』本身的發展進程，說明這一發展如何澈底地反映在這位哲學家的有關著作中。這段論述作得很用心，也很明確。不過，它也像全書一樣，決非不可避免的哲學用語堆砌得太多了。這種堆砌更其難堪的是作者不遵守某一學派或至少是費爾巴哈本人的用語，而把各種不同學派，主要是把今日以哲學流派名義像傳染病一樣流行的各個流派的用語混淆在一起了。

費爾巴哈的發展進程，乃是一個黑格爾派分子——誠然，他從來不是完全正統的黑格爾派分子——走向唯物主義的發展進程。在這一發展的某一階段上，他就跟自己的前驅者的唯心主義體系完全分裂了。最後，他已不可遏止地意識到，黑格爾的所謂『絕對觀念』永古存在，所謂在世界發生以前就有的『邏輯範疇預先存在』，不過是對超世間造物主的信仰的幻想殘餘；物質的、可以感覺得到的世界，即我們自己所屬的世界，是唯一的真實世界，我們的意識和思維，不管它怎樣好像是超感覺的東西，總是物質實體器官的產物，即人腦的產物。物質不是精神的產物，而精神本身倒只是物質的最高產物。不言而喻，這是純粹的唯物主義。但是，費爾巴哈達到這個地步時，就突然停住了。 他不能克服通常的哲學偏見，即不反對事情本質而反對『唯物主義』這個名稱的偏見。他說：『在我看來，唯物主義乃是人類本性和人類知識建築物的基礎；但我所主張的唯物主義，並不是生理學家所主張的唯物主義，不是狹義自然科學家如摩萊蕭特所主張的唯物主義，不是他們按照他們的觀點和專門知識說來不能不主張的那種唯物主義，這就是說，我所主張的唯物主義不是建築物本身。向後走時，我是完全跟唯物主義者同道的；向前走時，我就跟他們不同道了。』

在這裏，費爾巴哈把當作以對物質和精神相互關係的一定理解為基礎的一般世界觀看的唯物主義，跟這一世界觀在一定歷史階段即十八世紀所表現的特殊形式，混為一談了。不惟如此，他還把唯物主義跟一種鄙陋的、庸俗的形式混為一談，十八世紀唯物主義現在就以這種庸俗形式繼續存在於自然科學家和醫生的頭腦中，而到處說教的布赫納爾、伏格特和摩萊蕭特在五十年代就以這種庸俗形式宣講唯物主義。不過唯物主義，像唯心主義一樣，也經過了一些發展階段。隨着甚至自然史的方面有每一個劃時代的發現，唯物主義就不可免地一定要改變自己的形式。而自從歷史也應用唯物主義的觀點來解釋的時候起，這裏也對唯物主義的發展開闢了一條新的途徑了。

上世紀[1]的唯物主義，主要是機械唯物主義，因為在那時的所

---

[1] 指十八世紀。——編者註。

有自然科學中，達到了某種完善地步的只有力學，而且只有固體（地上和天空物體）力學，簡言之，就是重力的力學。化學還處於幼稚形態，它還奉行燃素說。生物學尚處在襁褓中；對動植物的有機體還只作過極粗淺的研究，當時人們用純粹機械的原因來加以解釋。在十八世紀唯物主義者的心目中，人是一架機器，正如笛卡兒心目中的動物一樣。這樣專把力學的尺度用於化學的和有機的自然界的過程（在這些領域內，力學法則雖然也繼續起作用，但在其他較高的法則面前却退居於次要地位），就構成了法國古典唯物主義的第一個特有的、在當時不可避免的局限性。

這種唯物主義的第二個特有的局限性，就在於它不能把世界理解爲一種過程，理解爲一種處在歷史上不斷發展中的物質。這是跟當時自然科學水平以及跟自然科學相聯繫的形而上學的，即反辯證法的哲學思維方法相適應的。自然界是處在永久的運動中；這點是當時人們也曾知道的。但根據當時人們的想法，這種運動是永遠在同一個圈子內旋轉着，從而也就永遠是停留在同一地點上：它總是導致同一的結果。這種想法在當時是不可避免的。康德的太陽系發生說，當時才剛剛出現，看來還只是一種奇談。地球發展史，即地質學，當時還完全沒有人知道。認爲現今的生物是起源於由簡單到複雜的長期發展過程的思想，一般地說，當時還不能夠科學地確立起來。因而，對於自然界的非歷史觀點，曾是不可避免的。不能拿這個缺點去責備十八世紀的哲學家們，因爲這個缺點甚至連黑格爾也是免不了的。在黑格爾看來，自然界不過是觀念的『外化』，它不能在時間上有所發展；它只能在空間上展開自己的多樣性，因而，它被註定永遠重複同樣的過程，把自己所包含的一切發展階段一個一個同時並列起來。黑格爾將這種認爲發展是在空間內、但在時間——這是任何發展的基本條件——外發生的謬論強加於自然界，恰恰是在地質學、胚胎學、動植物生理學以及有機化學都已充分地研究出來，並且根據這些新科學到處都已在產生出種種天才的推測（例如歌德和拉馬克的推測）預示着後來的進化論的時候。但體系要求這樣作，因而方法也就只得變卦了。

在歷史領域內，也沒有對事物的歷史觀點。在這裏，反對中世紀殘餘的鬥爭錮蔽了大家的眼光。人們認爲中世紀不過是歷史行程中由千年普遍野蠻狀態所引起的中斷罷了。對於中世紀所作的巨大成就，如歐洲文化領域的擴大，在相鄰地域上形成的各富有生命力的大民族，以及十四和十五世紀巨大的技術進步，都沒有任何人加以注意。因此，就不可能有對偉大歷史聯繫的正確見解，而歷史至多也不過是一部供哲學家來使用的例證和插圖的彙集罷了。

五十年代在德國充當唯物主義販子的庸俗化者，決沒有越出他們導師的學說的這個範圍。自然科學的一切新勝利，僅作了他們否認有宇宙創造主存在的新論據。他們甚至想也沒有想到要把理論向前發展。這樣，當時原已智窮才盡而又在一八四八年革命中受到致命創傷的唯心主義，却因唯物主義在這時更是江河日下而感到了滿足。費爾巴哈避開對這種唯物主義負任何責任，是完全對的；只是他不應該把販子們的學說跟一般唯物主義混爲一談。

不過這裏應當注意到兩種情況。第一，當費爾巴哈在世時，自然科學尚處在強烈醞釀過程中，這一過程僅在最近十五年才達到了相對的、帶有明確性的完成地步。當時已經蒐集了前所未有的大量新穎認識材料，但是僅在最近才有了可能在這大堆混亂的相繼發現中建立起一種聯繫，從而建立起一個條理來。誠然，費爾巴哈曾看到了三大重要發現——細胞的發現，能的轉化說和以達爾文命名的進化論。但是，一位過着鄉村隱居生活的哲學家怎能充分察知科學發展情況，足夠地估計到那些連自然科學家們自己也有一部分還在爭論，有一部分還不會適當地加以利用的發現呢？這裏應負其咎的唯一是可憐的德國秩序，由於有這種秩序，當時哲學講座全被那些賣弄聰明的折衷主義的小氣人物所佔據，而無限高出於這些小氣人物的費爾巴哈，却不得不在窮鄉僻壤中過着務農生活和苟延殘喘。所以，當時已經成爲可能的並把法國唯物主義一切片面成分排除掉的對自然界的歷史觀，却竟始終沒有爲費爾巴哈所瞭解到，也就不是他的過錯了。

第二，費爾巴哈所謂唯有自然科學的唯物主義『是人類知識建築物的基礎，但還不是建築物本身』一語，是說得完全正確的，因爲我們不僅生活在自然界中，而且生活在人類社會中，人類社會也有自己的發展史和自己的科學，並不亞於自然界。 所以，任務就在於把關於社會的科學，即將全部所謂歷史的和哲學的科學跟唯物主義的基礎協調起來，並適應於這個基礎而把它加以改造。但費爾巴哈是不能完成這個任務的。在這裏，他雖然有唯物主義的基礎，但還沒有擺脫舊時的唯心主義羈絆，這點他本人也曾表示承認，所以他說：『向後走時，我是完全跟唯物主義者同道的；向前走時，我就跟他們不同道了』。但正是在這裏，即在社會方面，費爾巴哈自己沒有『向前』超出於他在一八四〇年或一八四四年的觀點走過，這主要仍舊是由於他的隱居生活的緣故；正由於這種隱居生活，依其性情講是比其他任何哲學家都更需要有社會交際的他，竟不得不在完全孤寂的生活中——而不是在跟他才智相當的人們的友好或敵對接觸中——闡發自己的思想。下邊我們便要更詳細地來考察，看費爾巴哈在這方面究竟是在怎樣高的程度上始終是個唯心主義者。

我們還應該指出，史達克尋找費爾巴哈的唯心主義並沒有尋中這唯心主義確實所在的地方。他說：『費爾巴哈是個唯心主義者；他相信人類的進步』（第一九頁）。『唯心主義仍舊是一切的基礎。現實主義只能在我們追求自己的理想的意向時，使我們免於誤入迷途。 難道同情、愛以及爲眞理和正義服務的熱忱，不是理想的力量嗎？』（見第VIII頁）。

第一，在這裏無非是把追求理想目的的這種意向，叫做唯心主義。但這些目的至多只是與康德的唯心主義及其『絕對命令』必然相關聯。然而甚至康德把自己的哲學叫做『先驗的唯心主義』，並不是因為那裏面也講到過道德的理想，却是由於完全別的理由，而這理由自然是史達克所不會不知道的。認爲信仰道德理想即信仰社會理想是哲學唯心主義本質的這種偏見，是在哲學領域以外發生的，是在那些從席勒詩歌中拾取了他們所需要的哲學知識斷片的德國庸人中間發生的。黑格爾曾比任何人都更尖銳地批評了康德的軟弱無力的『絕對命令』（其所以說軟弱無力，因爲它要求不可能的東西，因而就決不能達到任何現實的東西）。他比任何人都更惡毒地譏笑了席勒所培植的那種喜愛幻想不能實現的理想的庸人傾向（例如，參看現象學一書）。而黑格爾乃是個十足的唯心主義者哩。

第二，決不能避免一種情況，即凡是刺激人從事活動的一切，都要通過他的頭腦：甚至一個人吃飯喝水，也是由於受了反映在他頭腦中的飢渴感覺的影響；而他停止吃飯喝水，則是因爲有飽的感覺反映在他的頭腦中。外界對於人的影響顯印在人的頭腦中，在頭腦中反映成爲感覺、思想、動機、意志表現，一句話，就是反映成爲『理想的意向』，而它們在這種形態上就成爲『理想的力量』。如果一個人只因他具有『理想的意向』並承認『理想的力量』對他的影響，就算是一個唯心主義者，那末任何一個稍稍正常發展的人就都是天生的唯心主義者了，於是就有一點不可以了解：世上怎麼會有唯物主義者呢？

第三，認爲人類——至少在現時——一般和整個說來是在向前進展的這種信念，是跟唯物主義和唯心主義對立性絕不相干的。法國唯物主義者們差不多狂熱地懷抱着這種信念，——不下於自然神論者福祿特爾和盧梭，——並且往往爲它作過極大的個人的犧牲。如果說有某某人畢生獻身於『爲眞理和正義服務』（就這句話的正面意思說），那末例如狄德羅就是這樣的一個人。假如史達克宣佈這一切都是唯心主義，那他就只是證明出，『唯物主義』這個名詞以及兩派全部對立性在這裏對於他已失去任何意義了。

事實上，史達克在這裏對那種反對『唯物主義』名稱的庸俗偏見，對那種在庸人中間因受神甫多年譭謗唯物主義的影響而弄得根深蒂固的偏見，作了——雖然也許是不自覺地——不可饒恕的讓步。庸人把唯物主義理解爲饕餮、酗酒、虛榮心、荒淫、愛錢、吝嗇、貪婪、牟利、投機倒把，簡言之，就是他本人暗中迷戀着的一切齷齪行爲。而唯心主義在他看來則是信仰美德，愛好全部人類以及一般信仰『美好世界』，——他在別人面前高喊這個『美好世界』，但是他只有在醉後頭痛或破產的當兒，就是說只有在他因自己通常『唯物』過度享受而感到不快的時候，才相信這個『美好世界』。庸人所愛的諺語是：人是什麼？半是野獸，半是天使。

在其餘地方，史達克誠心努力保護費爾巴哈，來反對現今在德國以哲學家名義喧囂一時的大學講師們的攻擊和學說。這對於那些對德國古典哲學的墮落後裔感興趣的人們，自然是很重要的；這對於史達克本人也許是必要的。不過我們要憐惜憐惜讀者了。

（三）

當我們研究到費爾巴哈的倫理學和宗教哲學時，那他的眞正的唯心主義便立即顯露出來了。費爾巴哈並不希望廢除宗教；他希望改善宗教。哲學本身應該化爲宗教。『人類的各個時期的彼此不同，僅僅是由於宗教上的變遷。某一歷史運動，僅在它深入人心的時候，才會達到自己的深處。心不是宗教的某種形式，所以不能說宗教也應當在心中；心乃是宗教的本質』（按史達克所引，第一六八頁）。據費爾巴哈的學說，宗教乃是人與人之間的一種感情的關係、心的關係，從前這個關係是在對於現實的虛幻反映中——靠作爲人類特性的虛幻反映的一個神或數個神——尋找了自己的眞理，而現在這個關係則在『我』和『你』相互間的愛感中直接找到自己的眞理。歸根到底，費爾巴哈認為，兩性的愛縱然不是他那個新宗敎的最高信仰形式，也是最高信仰形式之一。

人與人間，特別是兩性間以感情為基礎的關係，是自有人類以來就存在的。至於說到性愛，那末它在最近八百年間已獲得這樣大的意義和這樣高的地位，以致它已成為一切詩歌都環繞它旋轉的軸心了。各現存的肯定宗敎，只限於使國家調節性愛的辦法即婚姻立法得到至高無上的神化；這些宗敎本身也許在明天就要完全消失，而在愛情和友誼的實踐上却不會發生絲毫的變化。在法國，在一七九三至一七九八年這個期間，基督敎眞是消失到這樣的程度，以致拿破崙本人不免要大費力氣和遭到抵抗才得以把它重新恢復起來。然而在這一期間，沒有一個人感覺到需要拿某種如費爾巴哈新宗敎一類的東西去代替它。

在這裏，費爾巴哈的唯心主義就在於：他對於人們間以相互傾慕為基礎的一切關係如兩性愛、友誼、同情、捨己精神等等，不是簡簡單單地按照它們本來的意思去了解，拋開那些跟它們相聯系的關於任何特殊宗敎體系的囘憶，關於任何在他看來也是屬於過去的宗敎體系的囘憶。他竟認定，這些關係，只有用『宗敎』一詞加以神化時，才會獲得自己的完全的意義。在他看來，主要的問題並不在於存在有這種純粹是人的關係，而是在於要大家把這些關係看做一種新的，眞實的宗敎。只有在這些關係蓋上宗敎印章的時候，他才同意承認它們是完滿的。宗敎（Religion）一詞是從動詞 religare [1] 一字來的，本來是表示聯繫的意思。所以，凡兩個人的任何相互聯繫，都是宗敎。此種語源學上的把戲，乃是唯心主義哲學的最後一個逃身穴洞。加在這些詞上的意義，並不是它們在其實際使用的歷史發展中獲得的，而是它們由其語源學的系譜所應該具有

---

[1] 意卽『聯繫』。——編者註。

(三)

的。為了使對於唯心主義回憶很宝貴的『宗教』這個詞兒不致失去用途，於是就把性愛和兩性關係封爲宗教。在四十年代，巴黎的路易・勃朗派的改良主義者也曾完全這樣立論，當時他們也以爲人沒有宗教就像是一種怪物，因而曾向我們說：Donc, l'athéisme c'est votre religion![1] 費爾巴哈旣想根據本質上是唯物主義的自然觀來建立眞正的宗教，那他就好像一個人竟認定現代化學是眞正的煉金術了。要是宗教可能不要有神，那末煉金術就可能不要有『哲人之石』了。況且，煉金術跟宗教是有很密切聯繫的。『哲人之石』具有好多類似神的特性，所以紀元頭兩世紀時的埃及、希臘煉金術士也對基督教學說的形成出過一份力量，如柏特洛和科普兩人引用的材料所表明的那樣。

費爾巴哈所謂『人類各個時期的不同處僅在於宗教方面的變遷』這一斷語，說得完全不對。只是在講到至今存在的世界三大宗教即佛教、基督教和伊斯蘭教的限度內，歷史上的偉大轉變才是伴隨有宗教方面的變遷的。舊的自發產生的部落宗教和民族宗教沒有過宣傳性質，一到該部落或該民族的獨立遭到摧殘時，便失掉了任何抵抗力。在日耳曼人方面，甚至只要他們一跟當時解體的羅馬世界帝國及其世界基督宗教相接觸，只要他們一跟當時羅馬剛才採用並且同其經濟、政治、精神狀態相適應的基督教相接觸，就已足使這種情形發生了。只有對於這些多少是靠人工造成的世界宗教，尤其是對於基督教和伊斯蘭教，才可以說一般的歷史運動是帶有宗教色彩的。甚至在有基督教傳播的範圍以內，凡具有眞正普遍意義的革命，僅在資產階級爭取解放的鬥爭的始初階段上，即從十三世紀起到十七世紀末止，才帶有這一色彩。並且這並不是如像費爾巴哈所想的那樣由於人心的特性，不是由於人心的宗教要求，而是由於先前全部中世紀歷史只知道有一種思想形態：只知道有宗教和神

---

[1] 意卽『可見，無神論也就是你們的宗教！』——編者註。

學。但當十八世紀資產階級已經充分強固，足以創立起自己的思想體系，創立起跟它的階級地位相適應的思想體系時，它便舉行了自己偉大和激底的革命——法蘭西革命，專祇訴諸法律的和政治的觀念，而只有在宗教阻礙它前進時才想到宗教。可是他們連想都沒有想到要用什麼新宗教去代替舊宗教。大家知道，羅伯斯庇爾在這兒曾遭受了怎樣的失敗[1]。

在我們現今不得不在其中生活的社會，是以各階級的對立和階級的統治為基礎的，在這種社會裏面，在對他人的關係上表現純粹人類感情的可能性，本來就已經少得可憐了；我們沒有絲毫的理由去把這種感情抬高到宗教的地位，而使這種可能性少得更加可憐。同樣，現在流行的歷史編纂學——尤其在德國——已相當模糊了我們對於歷史上的偉大的階級搏戰的理解，我們再沒有必要去把這一鬥爭的歷史變為教會史的簡單附屬品，而使這一理解成為完全不可能。由此可知，現在我們已經離開費爾巴哈該有多麼遙遠了。現在甚至他那讚美新的愛情宗教的『極美妙的』篇章，都不堪卒讀了。

費爾巴哈切實地研究過的只有一種宗教——基督徒，只有西方這一基於一神論的世界宗教。他表明，基督教的神不過是人的幻想反映而已。但是，這個神又是長久抽象化過程的產物，是許多舊有部落神和民族神集中化的結晶。因此，這個神所反映的人也不是一個現實人而同樣是許多現實人集中化的結晶；這是個抽象人，亦即又只是個臆想的形象。費爾巴哈在每一頁上都是鼓吹感性並號召我們專心致志於具體現實世界的，但這同一個費爾巴哈一談到不是人們相互間的兩性關係而是某種其他關係的時候，就變得極端抽象了。

在人們相互間的一切關係中，他僅僅看出一個方面：道德。這裏，費爾巴哈跟黑格爾相比起來又以其驚人的貧乏深使我們吃驚。

---

[1] 係指羅伯斯庇爾企圖確立一種『最高實體』的宗教而言。——編者註。

在黑格爾方面，倫理學或關於道德的學說就是**法權哲學**，其中包括：（一）抽象的法權；（二）道德；（三）倫常領域，其中包括有家庭、公民社會和國家。這裏，形式是很唯心的，而內容却是很現實的。這個內容，除道德外，包括有全部法權、經濟和政治。而在**費爾巴哈**方面却恰恰相反。就形式講，他是現實的，他把人當作出發**點**；但他關於這個人在其中生活的世界，却根本沒有講到，因而他的這個人仍然是宗教哲學中所說的那個抽象的人。這個人不是由娘胎裏生出來的：他像由蛹變成蝴蝶一樣，是從一神敎的神身上飛出來的。因此，他也就不是生活在現實的、歷史上發展了的和歷史上**確定**的世界裏面。雖然他跟其他的人也有來往，但其中每一個人也和他本人一樣是抽象的。在他的宗敎哲學裏，我們終究還可以看到有男有女。但在他的倫理學裏，却連這一點差別也都消失不見了。不錯，在**費爾巴哈**那裏，間或也有這樣的命題，例如：『皇宮中的人所想的，與茅屋中的人所想的不同』；『要是你因飢餓和貧困而**在身體**內沒有營養物，那末在你的頭腦中，你的感覺中，以及你的心中便沒有供道德用的食品了』；『政治應成為我們的宗敎』等等。可是費爾巴哈完全不善於利用這些命題，在他那裏，這些命題**仍舊**是赤裸裸的空話，甚至**史達克**也不得不承認說，政治對於費爾巴哈是個不可達到的領域，而『關於社會的科學、卽社會學，對於他來說，是個terra incognita [1]』。

在研究善惡對立的地方，**費爾巴哈跟黑格爾**比較，也是很膚淺的。**黑格爾**說：『有些人以為他們說『人性善』這句話時，就算是說出了非常深刻的思想；但他們却忘記了，『人性惡』這句話裏含有更深刻得多的意思』。**黑格爾**所說的惡，是歷史發展的動力在其中表現出來的形式。這裏面有兩個意思。一方面，每一個新的前進步驟，都必然是加於某一種神聖事物的凌辱，都是對於一種陳舊衰

---

[1] 意卽『不可知的國度』。——編者註。

頼但為習慣所崇奉的秩序舉行的反叛。他方面，自社會階級對立性發生以後，人的惡劣情慾即貪慾和權勢慾，就成了歷史發展的槓桿。例如，封建制度和資產階級的歷史，就可作為這方面的不斷的證據。但是費爾巴哈連想都沒有想到要把道德上的惡在歷史上的作用考察一下。歷史領域一般地說來對他是不大方便和不大安適的。甚至連他的一句名言，即所謂『當人剛脫出自然界懷抱的時候，他只是個自然物，而不是人。人乃是人、文化、歷史的產物』，──甚至這句名言在他那裏也始終是毫無結果的。

從上述一切可以明白，關於道德這點，費爾巴哈所告訴我們的，是一種非常貧乏的東西。追求幸福的意向，是人一生下來就有的，因之，這種意向應當成為道德的基礎。但是追求幸福的意向，受到二重的修正。第一，是來自我們行為的天然後果：酗醉之後，必定頭痛；慣行過分，必成疾病。第二，是來自我們行為的社會後果：要是我們不尊重別人同樣追求幸福的意向，那末他們一定要加以反抗，而妨礙我們追求幸福的意向。由此可見，要是我們想要滿足自己追求幸福的意向，那我們就應當學會正確地估量我們行為的後果，此外還應當尊重他人同一意向的同等正當性。以合理自我節制對己和以愛──永遠是愛！──對人──這便是費爾巴哈道德的基本規則，其餘一切規則都是從這些規則中得出的。無論費爾巴哈的極機智議論或史達克的絕口稱讚，都不能遮掩這兩三條命題的貧乏和空洞。

人在專為自己打算時，他只有在很稀罕的場合，才能滿足自己追求幸福的意向，而且遠不是對己對人都是有益的。人一定要跟外界有來往，一定要有滿足自己需要的手段：食物、異性、書籍、談話、辯論、活動、消費品和操作對象。二者必居其一：或者是費爾巴哈道德預先假定每個人都無疑具備有這些手段和對象；或者是這道德只提供出一些善良的，但不能應用的忠告，於是它對於沒有上述種種手段的人就沒有任何價值了。費爾巴哈本人關於這一點也直截了當地說過：『皇宮中的人所想的，與茅屋中的人所想的不同。要是你因飢餓和貧困而在身體內沒有營養物，那末在你的頭腦中，你的感覺中，以及你的心中便沒有供道德用的食品了。』

關於人人都有享受幸福的同等權利這點，是否要好一些呢？費爾巴哈無條件地要求這一權利，認爲它在一切時代和在任何情況下都是非有不可的。但是這一權利從什麼時候起已爲人人所公認呢？在古代的奴隷與奴隷主之間，或在中世紀的農奴與貴族之間，曾談到過人人都有享受幸福的同等權利嗎？被壓迫階級追求幸福的意向，豈不是曾被冷酷無情和『根據正當理由』爲着統治階級的同一種意向作了犧牲嗎？是的，但這是不道德的；如今權利平等是被承認了。資產階級在反對封建制度的鬥爭中並爲了發展資本主義的生產，曾不得不消滅了一切等級的卽個人的特權，並且起初在私法方面，後來逐漸在公法方面實施了個人在法律上的平等——從這個時候起，權利平等在口頭上是被承認了。但是就追求幸福的意向說來，理想的權利是一種極端不夠的食品。這一意向是首先要靠物質資料來營養的，而從這一方面說，資本主義的生產却關心使絕大多數權利平等的人們只有最必要的東西來維持最簡陋的生活哩。這樣，資本主義對於多數人享受幸福的平等權利所給予的尊重，未必比奴隷制度或農奴制度所給予的多。滿足追求幸福意向的精神手段，敎育手段，是不是好一些呢？難道連『在薩多瓦獲勝的小學敎師』[1]不也是一個神話上的人物嗎？

不僅如此。根據費爾巴哈的道德論可得出結論說，證券交易所乃是最高道德的寶殿，只要在那裏投機得當的話。要是我追求幸福的意向把我引進了交易所，並且我在那裏又善於正確地估量我的行動的後果，因之這些行動只使我感到愉快而不遭任何損失，換句話

---

[1] 這是普軍在薩多瓦獲勝（在一八六六年普奧戰爭中）後流行於德國資產階級政論家中間的慣用語，意思是說，普魯士的勝利似乎是由於普魯士國民敎育制度的優越所致。——編者註。

說，要是我經常贏錢的話，那末費爾巴哈的指令就算執行了。請注意，在這裏我決沒有妨碍我的友人追求幸福的意向。我的友人，像我一樣，自願地進了交易所。他跟我成立投機交易時追求他自己的幸福，是也如我追求我自己的幸福一樣的。要是他賠了錢，那末這就證明了他的行動是不道德的，他把自己行動的後果估量得不正確。在迫使他擔負應得的懲罰時，我就可以擺出現代拉達曼[1]的驕傲姿態了。在交易所內，也是由愛來統治一切的，只要愛不簡單是一個感情的字眼；因為每個人都是靠別人來滿足自己追求幸福的意向，而這正是為愛所需要的，愛的實現正是在這裏。可見，要是我很好地預先知道自己業務的後果，換句話說，要是我投機勝利，那末，我就是極嚴格地執行了費爾巴哈道德論的一切要求，並且我還發財了。換言之，不論費爾巴哈的願望和意圖如何，他的道德論是完全適合於現代資本主義社會的。

可是愛呢！——真的，在費爾巴哈那裏，愛永遠並且到處都是一個創造奇蹟的神，可以幫助克服實踐生活中的一切困難，——而這是在分成利益絕對相反的諸階級的社會中哩！這樣，他的哲學中的最後一點革命性氣味也烟消雲散了，所留下的只是一句老調子：彼此相愛吧，大家不分性別和等級都來互相親嘴吧，——大家一團和氣地痛飲吧！

簡言之，費爾巴哈的道德論，是和它的一切前驅的道德論一樣的。這個道德論是為一切時代、一切民族、一切情況而製定的，正因為如此，所以它在任何地方和任何時候都是不適用的。對於現實世界，它像康德的『絕對命令』一樣，也是軟弱無力的。在現實上，每一階級，甚至每種職業，都各有各的道德，而且只要它們能任意違反道德時，就來違反這種道德。至於那要把一切都聯合起來

---

[1] 據希臘的神話，拉達曼因為做事公正，曾被任命為地獄的判官。——編者註。

28

的愛，則表現在戰爭、爭吵、訴訟、家庭糾紛、離婚以及一些人對另一些人的最高限度的剝削中。

但是，費爾巴哈所給予智力運動的強大推動力，對於他本人，怎麼會毫無結果呢？理由很簡單，因為費爾巴哈沒有找到從他本人所極端憎惡的抽象世界通向那活生生的、真實的世界去的道路。他竭力想抓住自然界和人。但是，在他那裏，自然界和人都依然只是空洞的名詞。他無論關於現實的自然界或關於現實的人，都不能說出任何確定的東西。要從費爾巴哈的抽象的人轉向現實的、活生生的人，就必須從這些人的歷史的行動上去研究這些人。但是費爾巴哈固執地反對這點，因之他所不了解的一八四八年，對他只是意味着與現實世界的最後分離，轉向於完全隱居生活。在這方面，主要又要歸咎於德國的社會關係，這種社會關係，把他引到了這樣可憐的結局。

但是費爾巴哈未曾走到的一步，終究有人要走到的。對抽象的人的崇拜，即費爾巴哈新宗教的這個核心，應代以關於現實的人及其歷史發展的科學。越出費爾巴哈哲學的範圍，進一步發展費爾巴哈的觀點，這一工作是由馬克思於一八四五年在他的神聖的家庭一書中開始的。

（四）

史特勞斯、鮑威爾、施蒂迫爾、費爾巴哈，就他們沒有放棄哲學的場所說，都是黑格爾哲學的支派。史特勞斯在發表耶穌傳和教義論兩著以後，即致力於勒南式的哲學的和教會史的文學作品研究。鮑威爾僅在基督教起源史方面作出了一點可觀的事情。施蒂迫爾甚至在巴枯寧把他跟蒲魯東結合起來而給這個混合物取名為『無政府主義』以後，依舊是一個寶貝。唯有費爾巴哈是個傑出的哲學家。可是他不但沒能越過自命為一切科學的科學，自命為凌駕在一切專門科學上面而把它們聯繫在一起的科學的這個哲學的範圍，——這個哲學對於他始終是不可侵犯的神聖東西，——而且他甚至作爲一個哲學家來說，也是停留在半路上，是下半截爲唯物主義者，上半截爲唯心主義者哩。他並沒有用批評的武器克服黑格爾，而不過是把黑格爾當作一種不適用的東西簡單地拋棄掉罷了，同時，他本人除了浮誇的愛的宗教觀和貧弱無力的道德論以外，再不能拿出什麼積極的東西來跟黑格爾體系的淵博豐富內容相對立。

但是在黑格爾學派解體的時候，還形成了另一個學派即唯一真正收到了效果的學派。這個學派主要是跟馬克思的名字聯系在一起的[1]。

在這裏，跟黑格爾哲學的分裂，也是由於返回到唯物主義觀點而發生的。這就是說，這一學派的人們，決意把現實世界——自然界和歷史——理解爲它本身在每一個不帶唯心主義成見來對待它的人面前所呈現的樣子；他們決意毫不痛惜地犧牲任何跟那些從事實本身的聯繫上而不是從什麼幻想的聯系上把握的事實不相符合的唯心主義虛構。而唯物主義的意義正不外於此。新的學派特出的地方，只在於這裏首次真正嚴肅地對待了唯物主義的世界觀，這裏把唯物主義的世界觀澈底地——至少在基本點上——運用到所考察的一切知識領域方面了。

黑格爾不是被簡單地拋棄了。恰恰相反，他的哲學中的上述革命方面，即辯證方法，是被把握住了。但是，這個方法就它在黑格

---

[1] 我在這裏要作點個人性的說明。近來人們不止一次指出我參加了這一理論的製定。因此，我在這裏不得不說幾句話，把這個問題弄明白。我不能否認，我與馬克思共同工作四十年，在這時期以前及這時期以內，在確立這一理論方面，特別是在闡發這一理論方面，我都作過某些獨立的參加。但是，絕大部分基本領導思想，特別是在經濟方面和歷史方面，而尤其是這些領導思想的最終的銳利的措辭，都是屬於馬克思的。凡我所提供的東西，是馬克思沒有我參加也能容易作成的，也許有兩三個專門的部門是例外。至於馬克思所作出的東西，我却永遠也不能作到。馬克思比我們一切人都站的高些，看的遠些，觀察的多些和快些。馬克思是個天才，我們至多是些能者。假如沒有馬克思，我們的理論遠不會有現在這個樣子。所以，這個理論用他的名字命名是公正的。（這是恩格斯加的附註。）

爾那裏所具有的形式來說，是不適用的。在黑格爾那裏，辯證法是概念的自我發展。絕對概念不祇是永古存在着——不知存在於何處，——而且是全部現存世界的真正的、活躍的靈魂。絕對概念通過那在邏輯學中詳細考察過並完全包含在它自身裏面的一切預備階段，朝着到達於自身的方向發展着。然後它將自己『外化』，轉化爲自然界；它在自然界中並不意識到自身，而是採取了天然必然性的形式，經過新的發展，終於在人身上重新達到自我意識。在歷史上，這個自我意識又從粗野狀態中掙脫出來，直到絕對概念在黑格爾哲學中又完完全全地達到自身爲止。在自然界中和歷史上所顯露出來的辯證發展，即通過一切迂迴曲折和通過一切暫時退步而由低級進到高級的進展運動的因果聯繫，在黑格爾看來，只是概念自己運動的印跡，這個概念自己運動是永遠不知在什麼地方，但無論如何是永遠跟任何思想着的人的頭腦完全無關地發生着的。這種思想體系上的歪曲是應該排除的。我們囘到唯物主義觀點以後，重新把人的概念看成了現實事物的反映，而不是把現實事物看作絕對概念某一階段的反映。這樣，辯證法便歸結爲研究外界和人類思維雙方一般運動法則的科學：兩個系列的法則，它們在本質上是同一的，而它們在表現上各不相同，只是因爲人的頭腦可以自覺地應用它們，而在自然界中，——迄今以前在人類歷史上也多半是如此——它們是不自覺地、以外界必然性的形式，在無窮的彷彿偶然性中間爲自己開拓道路的。這樣，概念的辯證法本身就變成爲只是現實世界辯證運動的自覺反映。從而黑格爾的辯證法就被倒轉過來了，正確些說，被安放得兩脚着地了，因爲以前它是頭着地脚朝天站着的。並且，值得注意的，是不單只我們發現了這個多年來已成爲我們最好勞動工具和我們最銳利武器的唯物主義辯證法；德國工人約瑟夫·狄慈根不依我們，甚至不依黑格爾而重又把它發現了[1]。

---

[1] 參看一個體力勞動者所說明的人們腦力勞動的本質一書。漢堡梅斯湼爾書店出版。（這是恩格斯加的附註。）

這樣一來，黑格爾哲學的革命方面就被恢復起來，同時並且從那些在黑格爾那裏曾阻難把它一貫實行到底的唯心主義外衣中解脫出來了。偉大的基本思想，即認爲世界不是由什麼一成不變的事物所構成，而是許多過程的總和，其中各個似乎毫不變易的事物及其反映於人腦中的意象或概念，都是處在不斷變化的狀態中，時而發生，時而消滅；同時，一個前進的發展進程，哪怕有怎樣的表面上的偶然性，並且不管有暫時的倒退，終究要爲自己開拓出一條道路——這個偉大的基本思想，從黑格爾時代起就已如此深入於一般人的意識，以致現在未必有人還會出來根本反對它了。可是，口頭上承認這個思想是一囘事，而把這個思想運用於每一具體場合和每一具體研究部門，却是另一囘事。要是我們在研究工作中經常抱定這種觀點，那末要求達到最終解決和永恒眞理的要求，對於我們就永遠失去任何意義了；我們始終不會忘記，我們所獲得的一切知識，是必然要受到我們在其中獲得它們的那些情況所局限所制約的。同時，那些在陳舊的，但還十分流行的形而上學看來不能克服的對立，如眞理和謬誤的對立，善和惡的對立，同一和差異的對立，必然性和偶然性的對立，再也不能使我們對之表示過度的尊敬了。我們知道，這些對立僅有相對的意義：凡今日被認爲是眞理的東西，都包含有現時隱藏着的錯誤方面，而這個錯誤方面過些時候就會顯露出來；同樣，凡今日被認爲是謬誤的東西，都包含有眞理的方面，因而它從前是可能被認作眞理的；凡斷定爲必然的東西，都是由一些純粹偶然性構成的，而凡被認爲是偶然的東西，則是一種有必然性隱藏在裏面的形式，如此等等。

黑格爾所稱爲『形而上學』方法的那種舊的研究方法和思想方法，即主要把事物當作一成不變事物研究而其殘餘至今還牢固盤據在人們頭腦中的方法，是曾經有過偉大的歷史根據的。在着手研究某種過程以前，曾經應該研究事物。起初應該知道該事物是什麼，然後才可以研究該事物裏面所發生的變化。當時自然科學方面的情形正是這樣。認為事物一成不變的舊的形而上學，就是從那把自然界的無生物和有生物都當作某種一成不變事物來研究的自然科學中成長起來的。當這種個別事物研究工作已經進展得可能向前作出一個斷然進步時，即已經進展得可能有系統地研究這些事物在自然界本身中所發生變化時，於是在哲學方面就響起了舊形而上學滅亡的喪鐘了。的確，如果說在上世紀末以前，自然科學主要是蒐集材料的科學，是研究一成不變事物的科學，那末在現今世紀內，它實質上已成了整理材料的科學，已成了研究各種過程的科學，研究這些事物發生和發展的科學，研究那把自然界所有這些過程結合為一個偉大整體的聯系的科學了。研究動植物有機體中種種過程的生理學，研究個別有機體由胚芽狀態起至成熟時止發展過程的胚育學，研究地殼逐漸形成過程的地質學，——所有這些科學都是我們這一世紀的產兒。

對於自然界中所發生種種過程相互聯系的認識，特別是由於有三種偉大發現而大踏步往前進展了：

第一，是由於發現了細胞是整個植物體或動物體由於它的繁殖和分化而發展起來的單位。這一發現不僅已使我們確信到一切高等有機體的發展和成長都是按着一個共同法則進行，並且它既表明細胞能於變化，也就說明了有機體怎樣發生種的變化，而這種變化就使有機體能實現某種多於個體發展的發展過程。

第二，是由於發現了能的轉化律。這一發現表明出，那一切首先在無機自然界中起作用的所謂力——機械力及其補充力，所謂位能、熱、放射（光和輻射熱）、電、磁、化學能等，都是萬有運動的各種表現形式，這些形式在一定數量關係上可以由一個轉變為另一個，比如一形式的某個數量消滅時就會有另一形式的一定數量出現，因而自然界中的全部運動都歸結為一種形式轉化為另一形式的不斷過程。

末了，第三，是由於達爾文首次提出了一個聯貫性的證據，這一證據證明出：現今我們周圍所有連人在內的一切有機體，都是由於少數原先爲單細胞的胚芽經過長期發展的結果才發生的，而這些胚芽又是由那些藉化學作用發生的原形質或蛋白質所形成的。

由於有這三個偉大發現和其他自然科學上的巨大成就，我們現在不僅能把自然界個別領域內所有各個過程間的聯繫揭示出來，而且一般整個說能把那將這些個別領域結合爲一的聯繫揭示出來。這樣，依靠經驗性自然科學本身所提供的材料，可以對作爲連貫性整體看的自然界總情景給一個頗有系統的說明。對自然界總情景給一個這樣的說明，在從前是所謂自然哲學的任務，而自然哲學所能用以執行這個任務的唯一辦法，就是拿理想的、幻想的聯繫來代替它還不知道的眞實的現象聯繫，拿虛構來替代缺乏的事實，單只在想像中把眞實的缺陷填補起來。這樣作時，自然哲學吐露了好多天才的思想和猜到了好多後來的發現，但也有過不少的廢話和胡說。這在當時也不能不如此。現在呢，我們只要辯證式地，即根據事物自身聯繫來觀察一下自然研究所得的結果，就足以製成一個現代令人滿意的『自然界體系』，並且現在對這一聯繫辯證性的意識甚至已不顧自然科學家們的意志而浸入到他們的形而上學頭腦中去了，所以現在自然哲學完結了。任何想要把它復活起來的企圖都不僅是徒勞無益，而且是後退一步了。

凡是可以應用於現在被我們理解爲歷史發展過程的自然界的東西，同樣也可以應用於一切社會歷史部門和所有研究人類事物（以及神明事物）的種種科學方面。像自然哲學一樣，歷史哲學、法權哲學、宗教哲學等等都是拿哲學家臆想出來的聯繫來代替應在事件中發現出來的現實的聯繫；歷史——不論是其全部或各個部分——被看做是一些觀念的逐漸實現過程，並且當然始終只是每個哲學家所喜愛的那些觀念的逐漸實現過程。根據這個觀點就要得出一個結論：歷史是不自覺但却必然要爲實現某種事先抱定的理想目的而努力。例如在黑格爾那裏，這種目的就是實現他的絕對觀念，而硬要達到這一絕對觀念的意向在他看來便是歷史事件內部聯繫的所在。這樣現實的、還不知道的聯系，就由某種新的、無意識的或只是漸次達到意識的神祕的天意所代替了。可見，這裏也完全像在自然領域內一樣，應該發現出現實的聯系來把這些臆想的人爲的聯系排除掉。而這一任務，歸根到底就是要發現那些作爲支配法則在人類社會歷史中發生作用的一般運動法則。

但是，社會發展史在一點上是跟自然界發展史根本不同的。這就是說：在自然界中（我們暫把人對自然界的反影響撇開不說）只是由一些盲目的無意識的力量彼此發生作用，而一般法則是表現於這些力量的相互作用中。這裏，任何地方都沒有自覺的所期望的目的：無論是在外表上可以看見的無數彷彿偶然現象中，亦無論是在證實着這些偶然現象內部仍有規律性存在的最後結果中。反之，在社會歷史領域內起作用的則是人，而人是賦有意識，經過深思熟慮行動或在熱情影響下行動，並且抱有一定目的的。這裏，沒有哪一種動作是沒有意圖，沒有所期望的目的的。但是，不管這個差別對於歷史研究——特別是對於各個時代和各個事件的研究——如何重要，它却絲毫也不能改變歷史進程服從於內在一般法則這一事實。的確，在這一領域內，不管有各個人自覺期望的目的，但在現象的表面上一般和整個說來總好像也是由偶然性統治一切的。人們所期望的東西，僅在很少的場合能如願實現；人們所抱定的目的，大半都是彼此發生衝突和矛盾，或是一部分因其本身性質而不能達到，一部分因其實現手段不夠而不能達到。這樣，由於許許多多個別意向以及個別行動間的衝突，於是在歷史領域內就呈現出一種完全跟統治於不自覺作用着的自然界中的狀態完全相像的狀態。行動是具有着某種願望的目的；但從這些行動中產生出來的結果，却是完全非所願望的。即使起初這些結果好像是跟預期的目的相符合，但歸根到底它們帶來的却遠不是所願望的東西。因此，一般和整個說來，偶然性在歷史現象領域內也一樣地支配着。但是，凡表面上是由偶然性起作用的地方，這種偶然性本身始終是服從於內部的、隱密的法則的。全部問題僅在於要發現這些法則。

不論歷史的進程如何，人們總是這樣來創造歷史的：各人都在追求自己的、自覺抱定的目的，而這許多按不同方向動作的意向及其對外界發生的各種影響總結起來，便是歷史。可見，問題還歸結於這許多個人所想有的究竟是什麽。意志是由欲望或思考來決定的。而直接決定欲望或思考的發動力，往往是性質極不一樣的。這一部分可能是外界的對象，一部分可能是理想性的動機，如功名心、『為眞理正義服務的熱忱』、個人的憎惡，以至各種純粹個人性的癖好。可是，一方面，我們已經看到，在歷史領域內起作用的許多個別意向所引起的後果大都不是所期望的，而是完全另一種的、往往是恰恰跟所期望者相反的，因而這些動機對於終極結果說是只有從屬意義的。另一方面，又新發生一個問題：有哪些動力是藏在這種種動機背後的呢？在行動的人們頭腦中取着這些動機形式表現出來的歷史原因又是怎樣呢？

舊唯物主義從來沒有思索過這樣的問題。所以它對歷史所持的見解——權且說它一般對歷史持有某種見解——在本質上是實用主義的：它對一切事物都按照行動的動機來加以判斷，把歷史人物分爲正直君子和詭詐小人，並認爲正直君子照例受到欺騙，而詭詐小人則獲得勝利。舊唯物主義由此得出的結論，是說歷史上很少有可資借鏡的東西；而我們由此得出的結論，則是說舊唯物主義在歷史領域內自己背叛自己，竟以爲那裏起作用的觀念性的衝動力是事變的最終原因，却不去研究這些衝動力量後面所隱藏的是什麽，這些衝動力的衝動力又是什麽。不澈底處並不在於認爲有觀念性衝動力存在，而是在於人們竟停止在這種衝動力上面，不更進一步去探討這些觀念性衝動力的動因。反之，歷史哲學，特別是以黑格爾爲代表，認爲歷史人物標榜出來的動機或眞實的動機，都決不是歷史事變的最終原因，認爲這些動機後面還有別的動力，而此種動力就正是應當加以研究的。但是，歷史哲學並不是在歷史本身中尋求這種動力，反而是從外面，從哲學思想體系方面把這種動力搬入到歷史中去。例如，黑格爾不是從古希臘歷史本身的內在聯系來說明這個歷史，而是乾脆地宣佈說這個歷史無非是『美妙個性形態』的製成，是眞正『藝術作品』的實現。就這一點說，黑格爾關於古希臘人作出了許多美妙深刻的評論，可是現在這種僅只是一些空談的說明已經不能滿足我們了。

所以，既然說要考察那些站在——不管被意識到或（事實上往往如此）沒被意識到——歷史人物動機背後的動力，既然說要考察那些歸根到底是構成歷史眞正動力的力量，那末應該注意到的，與其說是個別人物——即令是最傑出人物——所持的動機，勿寧說是那些把大羣大羣人們發動起來，把整個整個民族發動起來，而在每一個民族中間又是把整個整個階級發動起來的動機。並且在這裏重要的也不是短時的爆炸，不是轉瞬即逝的火光，而是引起偉大的歷史變更的長久的運動。 考察那些明顯或不明顯、直接或以思想形式——也許甚至是以幻想形式——反映在行動着的羣衆及其領袖即所謂偉大人物們頭腦中作爲自覺性動機的動因，——這就是走上唯一可靠的道路，可以去認識那些在一般歷史和個別歷史時期或個別國度內起支配作用的法則。凡推動人們去行動的一切，都必然要經過人們的頭腦；但究竟這一切在人們頭腦中採取什麼形式，却就在很大程度內要依情況來決定了。工人們現在已不破壞機器，如他們在一八四八年還在萊茵這裏幹過的那樣了。但這並不是說，工人已經容忍按資本主義方式應用機器了。

如果說在先前各個時期要考察這些歷史動因差不多是不可能的，因爲當時這些動因跟它們的後果間的聯系是被混淆和掩蓋的，那末現今這種聯系已經如此簡單化，以致解答謎語已終於成爲可能了。自從採用大工業生產時起，即至少是從一八一五年歐洲和約時起，在英國已是誰也知道，這個國家裏全部政治鬥爭都是以兩個階級即土地所有者貴族（landed aristocracy）和資產階級（middle class）奪取統治的意向爲重心了。在法國，從波滂王族返國時起，同樣的事實也令人意識到了。復辟時期的歷史家，從梯也里到基佐，民耶和梯也爾，都經常指出這個事實是理解中世紀以來法國歷史的鑰匙。而自一八三〇年起，在所有這兩個國度裏面，工人階級即無產階級都已被認爲是爭取統治權的第三個戰士。當時關係已經如此簡單化，以致只有故意閉起眼睛的人們才看不見，這三個巨大階級的鬥爭以及它們利益的衝突，乃是——至少是上述兩個最先進國度內——全部近代史的動力所在。

但是這些階級是怎樣發生的呢？驟然看來，那曾是封建主義的大規模土地所有制的起源，還可以勉強說是——至少是在最切近程度上——由於政治的原因，由於暴力的掠奪，但這對於資產階級和無產階級來說却就是不可思議的了。很明顯的，這兩大階級的起源和發展是由純粹經濟原因決定的。同樣明顯的，土地所有制與資產階級間的鬥爭，也如資產階級與無產階級間的鬥爭一樣，首先是爲了經濟利益而進行的，政治權力不過是用以實現經濟利益的手段。資產階級和無產階級的發生，都是由於經濟關係中發生了變化，確切些說，就是由於生產方式中發生了變化。這兩個階級的發展，是由於起初從行會手工業轉到了工場手工業，隨後又從工場手工業轉到了用蒸汽和機器裝備起來的大工業。在發展的一定階段上，由資產階級運用起來的新的生產力，——首先是分工和把許多局部工人聯合在一個共同手工工場企業裏，——以及賴有這生產力而發展了的交換條件和交換需要，就跟現存那個從歷史上繼承下來並由法律奉爲神聖的生產制度不能相容，換句話說，就跟行會性的以及其他無數爲封建社會制度所固有的個人特權和地方特權（這些特權對於非特權的等級也是同樣無數的桎梏）不能相容了。於是，以資產階級爲代表的生產力，便暴動起來，反對那由封建土地所有者和行會師傅作代表的生產制度了。鬥爭的結局是衆所周知的。封建的桎梏被打破了：在英國是逐漸被打破的，在法國是一下子被打破的，在德國直到如今還沒有完全把它們打破。但是正如工場手工業在其發展的一定階段上就跟封建主義的生產制度發生了衝突一樣，大工業現在也已經跟那代替了封建主義生產制度的資產階級制度相衝突了。被資產階級制度所拘束，受資本主義生產方式的狹隘範圍所束縛的大工業，一方面使全體廣大人民羣衆不斷愈加無產階級化，另一方面又製造出日益增多的找不到銷路的大量生產品。生產過剩和大衆貧困，──兩者互為因果，──這就是大工業所陷入的荒謬矛盾，而這一矛盾是必然要求通過改變生產方式來使生產力免除其現今桎梏的。

這樣，至少是對於近代史已被證明：任何政治鬥爭都是階級鬥爭，而任何爭取本身解放的階級鬥爭，雖然它不免具有政治的形式──因為任何階級鬥爭都是政治鬥爭，──歸根到底總是為了經濟解放而進行的。因之，毫無疑義，至少在近代史上，國家即政治制度，乃是從屬的要素，而公民社會即經濟關係領域，則是決定性的要素。反之，按照黑格爾也懷有的那個舊的國家觀看來，國家是決定性的要素，而公民社會則是被決定的要素。外表情形是與此相適合的。就個人說，為了使他開始行動起來，所有引起他的行動的一切衝動力都必然要通過他的頭腦，必然要轉化為他那意志的動機；同樣，公民社會的一切要求──不管當時是由哪一個階級統治着，──也必然要通過國家意志，以便以法律形式取得一體遵行的效力。這是問題的形式方面，而這方面是不言自明的。但是，試問這一僅僅是形式上的意志──不論是某一個人或整個國家的意志──所包含的內容究竟怎樣呢？這一內容是從何而來呢？為什麼人們正是希望有這一點，而不是其他什麼呢？我們在尋求對這個問題的答案時，便可看到，在近代史上，國家的意志，一般和整個說來，是由公民社會的變化着的要求，是由某一階級的統治，歸根到底是由生產力和交換關係的發展決定的。

既然甚至在我們擁有巨量生產資料和交通工具的近代，國家也不是一個獨立領域並且不是獨立發展着，而是無論在其生存和發展方面，歸根到底是依賴於社會生活的經濟條件，那末這對於從前一切時期就更是如此了，因為當時人們物質生活的生產資料還沒有這樣豐富，因而這種生產的必然性不免要在更大程度上支配着人們哩。既然甚至在現今時期，在大工業和鐵路盛行時代，國家一般和整個說來也還只是那個支配着生產的階級方面的經濟需要的集中表現，那末，國家的這一作用在從前的時候就更加不免是如此了，因為當時每一代人都要比我們今天更多多耗費其生平大部分時間來滿足自己的物質需要，因而比我們今天更多多依賴於這種物質需要。對從前各個時代歷史的研究，只要它對這一方面加以認真的注意，便可極確切地證實這一點。但是，不消說，這裏我們不能去詳細考察這點了。

如果說國家和國家法是由經濟關係來決定，那末不言而喻，公民法也應該說是如此，因為公民法的作用在本質上就是要把各個人彼此間在一定情況下所有的正常經濟關係確認起來。但這種確認所取的形式可能是很不相同的。例如，可能把大部分舊有封建法律形式保存起來，同時在這些形式中加進資產階級的內容，甚至直接在封建名稱下悄悄添加一些資產階級的意義，如在英國依其民族發展的全部進程所發生了的那樣。也可能照西歐大陸上所發生過的情形那樣辦，拿商品生產者社會的頭一個世界法即羅馬法做基礎，依樣把單純商品生產者彼此間一切重要法權關係（如買主與賣主，債權人與債務人，契約，債務等）極端精確地規定出來。同時還可以——為了取悅於小資產階級社會，甚至取悅於半封建社會，——或是藉助於裁判實踐辦法把這個法律降低到這個社會的水平（全德意志法），或是藉助於那些彷彿開明的講究道德的法律家把它改造為一種適合於上述社會狀態的特殊法典，而這個法典在這種情況下是單從法律觀點上看也惡劣的（普魯士地方法）。末了，在資產階級大革命以後，還可以根據同一個羅馬法創立這樣一個典型式的資產階級社會法典，如法蘭西公民法典。所以，既然民法準則不過是社

(四)

會生活經濟條件在法律形式上的表現,那末這些準則就不過是依情況不同而把這些條件表現得確切程度不一罷了。

國家在我們面前呈現爲頭一個支配人的思想體系力量。社會創立一個機關來保護自己共同利益免除內部的和外部的侵犯。這個機關就是國家權力。它從剛一產生出來,就獲得對於社會的獨立性,並且它愈是成爲某個階級的機關和愈是直接實現這個階級的統治,那它就愈加獨立起來。被壓迫階級反對統治階級的鬥爭,必然要變成政治的鬥爭,首先是爲反對這個階級的政治統治而進行的鬥爭。對於這個政治鬥爭和與其經濟基礎相互聯系的認識,日益削弱下去,有時完全消失下去。如果說這種意識在鬥爭着的人們中間沒有完全消失的話,那末它在歷史家當中差不多總是缺乏的。在古代那些描述羅馬共和國內部鬥爭情形的歷史家當中,只有亞庇安一人清楚明白告訴我們說這個鬥爭歸根到底是爲了什麼進行的:是爲了土地所有權進行的。

但是,國家既已成了對於社會是獨立的力量,它馬上就產生出新的思想體系。這就是說,在職業政治家那裏,在國家法理論家和研究民法的法律家那裏,跟經濟事實間的聯系最終消失了。爲了要取得法律的確認,經濟事實在每一個別場合都得採取法律動機的形式。並且,不用說要顧到全部現存法制體系。所以人們便覺得法律形式是一切,而經濟內容則毫無意義了。國家法和私法被看做是兩個獨立的領域,兩者各有其獨立的歷史發展,兩者都可受到有系統的說明,並要求通過澈底根除一切內部矛盾而達到這種系統化。

更高級的思想體系,卽更加離開物質經濟基礎的思想體系,則採取了哲學和宗教的形式。在這裏,觀念跟自己物質存在條件間的聯系,是被弄得愈益混亂的,是被一些中間環節弄得愈益模糊的。然而這一聯系畢竟是存在着的。也如從十五世紀中葉起的整個文藝復興時代一樣,從那時起重新醒覺的哲學,本質上是城市發展的結果,卽市民發展的結果。哲學僅僅是按自己的方式表現了那些跟中小市民發展爲大資產階級的過程相適應的思想。這種情形在上世紀那些英國人和法國人中間表現得很明顯，他們往往是既爲經濟學家，又爲哲學家的。關於黑格爾學派，前面我們已把這點說明過了。

不過，我們要把離開物質生活最遠並且彷彿是跟它最少相干的宗教略微考察一下。宗教是在最原始時代，從人們關於自己本身及其周圍外部自然界的極愚昧、極朦朧、極原始的觀念中發生的。但是，任何思想體系一經發生後，便結合着全部現有觀念發展起來，把現有觀念加以進一步的改造。否則它便不成其爲思想體系了，也就是說，它便不是把思想當作具有獨立發展和僅僅服從自己特有法則的獨立實體來處理了。人們的物質生活條件歸根到底決定着人們頭腦中發生的思想過程這一事實，在這些人們中間必然是沒有意識到的，否則全部思想體系都要完結了。最初的宗教觀念，大半對於每一有血統關係的民族集團都是共同的，在這種集團分開以後，便依各該民族所遭遇的生活條件而獨特發展起來。在一系列這樣的民族集團，如雅利安族（即所謂印度歐羅巴族）中間，宗教觀念的發展過程已由比較神話學詳細地研究過了。在每一個別民族中間這樣造成的神，都是些民族範圍的神，這些神的權力不越出它們所保護的民族地區境界以外，超過這種境界以外，就由別的神來獨佔統治了。只要創出這些神來的那個民族還存在時，這些神就始終在人們的觀念中存在着，而當這個民族滅亡時，這些神也就隨着滅亡下去。各舊有民族是在羅馬世界帝國打擊下滅亡了（關於羅馬帝國發生的經濟條件，我們不能在這裏來研究）。各舊有民族的神也衰落了，甚至那些按羅馬市的狹隘尺寸製成的羅馬神，也沒有避免這種命運哩。在羅馬，曾企圖除本地的神以外，還同時供奉一切稍微顯赫的外國神，這一事實就明白地暴露出有拿世界宗教來補充世界帝國的需要。但是新的世界性宗教，是不能照樣用皇帝的一道敕令造成的。其實，新的世界宗教，即基督教，早已從那概括起

(四)

來的東方神學——特別是猶太神學，和庸俗化了的希臘哲學——特別是斯多噶派哲學兩者的混合物中，悄悄地發生了。我們現在只有用精密研究的方法，才可以知道，最初的基督教是一種什麽樣子，因爲留傳到現代的基督教，已經是尼克亞宗教會議爲了使它適合於國教稱號而賦予它的那種官方形式了。但不論如何，基督教發生後二百五十年就已變成國教這一事實，足以表明它是多麽適應於當時的情勢了。在中世紀，隨着封建制度的發展，基督教也採取了跟封建制度相適應的一種具有相應的封建等級制的宗教形態。當市民階級已經強固起來的時候，新教派的異教就跟封建主義天主教相對抗而發展起來，起初是在法國南方各處城市最繁榮時代，在亞爾比人[1]中間發展起來。中世紀把其他一切思想體系形式卽哲學、政治、法律學等，都合併在神學以內並且變成神學的各個門類了。因此，當時任何的社會運動和政治運動，都不得不採取神學的形式。羣衆的感情唯一是由宗教『食糧』來滋養的；所以，爲了引起暴風雨般的運動，就必須使這些羣衆的自身利益穿上宗教的外衣。正如市民階級從最初起就爲自己創造了一種附屬品，如不屬於任何一定等級的窮苦城市平民、零工及各種僕役，亦卽後來無產階級的前驅者那樣，宗教方面的異教也是很早就分成了兩種：一種是市民溫和派，一種是甚至受市民異教徒憎惡的平民革命派。

新教派的異教不可根絕，是跟日益加強的市民階級不可戰勝相適應的。當這個市民階級已充分強固的時候，他們從前主要帶着地方性質的反對封建貴族的鬥爭，便開始帶有民族的規模了。第一次大規模的發動是在德國發生的——這就是所謂宗教改革運動。那時市民階級還不夠強大和發展，不能把所有其他的叛亂等級如城市平民、下級貴族和鄉村農民團結到自己的旗幟下面來。最先遭了失敗的是貴族；那時就爆發了農民起義，形成爲這全部革命運動的最高

---

[1] 亞爾比人（由法國南方亞爾比城得名），是一個宗教派別，曾領導過十二、十三世紀反對天主羅馬教會的運動。——編者註。

點。但是城市沒有出而支持農民，革命被各地方諸侯的軍隊鎮壓下去了，而這些諸侯們就享用了革命的一切有利的後果。從那時起，在整整三百年間，德國都是從那些在歷史上獨立和積極行動着的民族中間消失不見的。但是除了德國人路德之外，還有過法國人加爾文。他以純粹法蘭西式的尖銳性把宗教改革運動的資產階級性質提到了首位，使教會具有了共和主義的、民主主義的姿態。路德的宗教改革運動在德國蛻化下去了，把德國引向滅亡；而加爾文的宗教改革運動却成了日內瓦、荷蘭和蘇格蘭等地共和黨人的旗幟，把荷蘭從西班牙和德意志帝國的統治下解放出來，並為英國發生的資產階級革命第二幕提供了思想體系的外衣。在這裏，加爾文主義真正是遮掩當時資產階級利益的宗教面具，所以它在一六八九年革命以一部分貴族跟資產階級相妥協結束後，並沒有獲得完全的承認。英國的國家教會恢復了，但它已不是帶着從前那樣的形式，已不是帶着由國王扮演教皇角色的天主教形式了：現在它已深深塗着有一層加爾文主義顏色了。舊的國家教會是曾慶祝快樂的天主教禮拜節，而迫害寂寞的加爾文派禮拜節的。但充滿着資產階級精神的新教會，則施行了後面這種禮拜節，施行了這種至今還裝飾着英國的禮拜節。

在法國，一六八五年，加爾文派的少數被壓服，被強迫皈依天主教或被驅逐出國了。可是結果怎樣呢？那時已經是自由思想家培爾活動最盛的時期，而在一六九四年又有福祿特爾誕生了。由於有路易十四的暴力措施，法國資產階級很容易就使自己的革命具有了非宗教的、純粹政治的形式，具有了這唯一跟資產階級已發展的狀態相適應的形式。出席國民大會的不是新教派，而是自由思想者了。這是意味着基督教已經踏入自己的最後階段了。它從此已不能為某一進步階級的意向提供思想體系的外衣了；它越來越變成專供各統治階級簡單用作管理手段，用作籠絡各下層階級的工具的東西了。並且每個統治階級都利用自己所有的宗教：地主貴族利用天主教中的耶穌會派或新敎中的正統派，自由的和急進的資產者則利用唯理主義派。況且，這些老爺們是否相信自家的宗敎，這在事實上是完全無關重要的哩。

因此，我們看到，宗敎一經發生後，總是保存有一些由前代遺留下來的觀念，因爲傳統在一般所有各個思想體系方面都是一種巨大的保守力量。但是，這些傳統觀念中所發生的變化，是由造成此種變化的那些人們的階級關係卽經濟關係來決定的。在這裏單祇說到這點也就夠了。

在前面的論述中，只能作出一個關於馬克思歷史論的槪論，至多也只能擧些例子來把這個理論說明一下。爲證明這個理論眞確性所需要的證據，只能從歷史本身中借用；並且這裏我敢肯定說，這種證據在其他各著作中是已經引用得很夠了的。可是，馬克思的歷史論在歷史方面給予了哲學一個致命的打擊，也如辯證的自然觀已使任何自然哲學都成了無用的和不可能的東西一樣。現今在這兩方面都不是要從頭腦中想出聯系，而是要在事實本身裏面發現這種聯系。這樣，在已被逐出自然界和歷史範圍的哲學方面，就只留下有一個純粹思想的領域（暫就還留下有這個領域而言）：關於思維過程本身法則的學說，邏輯學和辯證法。

* * *

在一八四八年革命後，『有敎養的』德國已經辭別理論而着手於實踐活動了。基於手工勞動的小藝業和工場手工業已經讓位於眞正的大工業了。德國已重新出現於世界市場。新成立的小德意志帝國 [1]，至少已把因有許多小國存在、因有封建制度殘餘和官僚制度所造成的對於這一發展的最大障碍排除了。但是，自從 Spekulation [2]

---

[1] 這個名稱係指一八七一年　在普魯士領導下所建成的德意志帝國（奧國不在內）。——編者註。

[2] Spekulation 在這裏有雙關意義：思辨學和投機生意。——譯者註。

離開哲學家研究室而在證券交易所裏為自己築起一座宮殿時起，有教養的德國便漸漸失去了對於理論感到的偉大興趣，失去了這在德國受深沉政治屈辱時代曾是德國光榮所在的興趣，失去了這種對純粹科學研究感到不管所得成果是否有實際利益，不管它是否跟警察命令相抵觸的興趣。誠然，德國的官方自然科學，仍然還站在當代要求的高峯上，特別是在各種局部研究工作方面。但是，正如美國科學雜誌公正指出的，現時在研究各個事實間的偉大聯系方面和把這些事實概括為種種法則方面，達到決定性成就的主要已是在英國，而不是如像從前那樣在德國了。至於說到歷史科學，包括哲學在內，那末這裏自從古典哲學消失時起，不顧一切從事理論研究的舊有精神也完全跟着消失了。起而代之的是愚鈍的折衷主義精神，是恐怕失去職位和收入的顧慮心，乃至極其卑劣的升官發財思想。這種科學的正式代表者已變成了公開表示站在資產階級和現存國家方面的思想家，但這是在兩者都公開仇視工人階級的時候發生的。

　　德國人愛好理論的興趣，現今只有在工人階級中間繼續活着，沒有衰弱。在這裏，任憑用什麼手段也不能把它剷除。在這裏，沒有任何升官發財的思想，沒有任何期待上峯開恩庇護的念頭。相反，科學愈是表示得勇敢和堅決，它就愈加符合於工人們的利益和願望。新的學派在勞動發展史中找到了理解全部社會史的鎖鑰，自始就主要是面向着工人階級，並且從工人階級方面遇到了它沒有從官場科學方面尋找和期望過的同情。德國工人運動乃是德國古典哲學的繼承人。

由弗•恩格斯在一八八六年寫就。在一八八六年新時代雜誌上發表，並於一八八八年在斯圖加特印成單行本出版。

按照一八八八年版本刊印。原本係德文。